SO-BYT-541

HOLT
2
SPANISH

¡Ven conmigo!®

Cuaderno para hispanohablantes

Teacher's Edition
with Answer Key

HOLT, RINEHART AND WINSTON

A Harcourt Classroom Education Company

Austin · New York · Orlando · Atlanta · San Francisco · Boston · Dallas · Toronto · London

Copyright © by Holt, Rinehart and Winston

All rights reserved. No part of this publication may be reproduced or transmitted in any form or by any means, electronic or mechanical, including photocopy, recording, or any information storage and retrieval system, without permission in writing from the publisher.

Requests for permission to make copies of any part of the work should be mailed to the following address: Permissions Department, Holt, Rinehart and Winston, 10801 N. MoPac Expressway, Building 3, Austin, Texas 78759.

Cover Photo Credits
Tapete folclórico by Conzuelo Narváez, Nariño, Colombia: Sam Dudgeon/HRW Photo

¡VEN CONMIGO! is a trademark licensed to Holt, Rinehart and Winston, registered in the United States of America and/or other jurisdictions.

Printed in the United States of America

ISBN 0-03-065547-1

1 2 3 4 5 6 7   066   03 02 01

Índice

¡Ven conmigo a Andalucía!

¡Ven conmigo al Valle de México!

¡Ven conmigo a Texas!

¡Ven conmigo al Caribe!

¡Ven conmigo a Los Andes!

¡Ven conmigo a California!

Copyright © by Holt, Rinehart and Winston. All rights reserved.

Examen diagnóstico

Al estudiante

Este libro de trabajo está diseñado para aquellos alumnos en los Estados Unidos que ya hablan español como su lengua materna. Quizá Ud. creció en alguna región de los Estados Unidos en donde se hablan el español y el inglés. Quizá uno de sus padres habla español como lengua materna y Ud. creció hablando español en casa. En cualquier caso, este libro le brindará una introducción a la lectura y a la escritura del español. Con el dominio de la lectura y de la escritura, Ud. será capaz de mejorar sus habilidades en el uso del idioma y estará así más preparado para participar en otras comunidades de habla hispana. Las lecturas están basadas en temas culturales de interés para Ud.

Examen diagnóstico

En las siguientes páginas encontrará un examen diagnóstico. Ud. debe ser capaz de observar los dibujos y describir con detalle qué está sucediendo. Su profesor le hará algunas preguntas acerca de cada dibujo y luego le ayudará a decidir si el *Cuaderno para hispanohablantes* le servirá a Ud.

En el primer dibujo, Ud. debe

- hacer una descripción general del lugar y las personas que aparecen ahí; debe nombrar tantas cosas como sea posible.

- inventar un diálogo entre el par de chicas que aparece en una de las mesas del restaurante al aire libre; el diálogo debe tratar sobre las vacaciones que acaban de realizar.

- decir qué está haciendo cada persona que aparece en el dibujo.

- hablar acerca del tiempo y de la hora probable en que se desarrolla la escena.

En el segundo dibujo, usted debe

- hacer una descripción general del lugar y la persona que aparece ahí.

- hablar acerca del tiempo que hace.

- comentar acerca de la hora del día.

- inventar una historia que gire en torno a la tristeza de la chica que se rehusa a contestar el teléfono, pensando que se trata de su novio, a quien le está escribiendo una carta.

En el tercer dibujo, usted debe

- escribir un cuento sobre la escena en la zona para acampar del parque público; narrar la historia desde la llegada de la familia, a la derecha, a su cabina y los problemas que empezaron a tener con sus jóvenes vecinos de la cabina a la izquierda. Use el espacio en la página cinco.

- hacer una descripción del lugar y nombrar a todos los miembros de la familia.

- escribir sobre la posible causa del disgusto de la familia con los jóvenes.

- no preocuparse de cómo se deletrean las palabras. Escríbalas lo mejor que pueda.

Copyright © by Holt, Rinehart and Winston. All rights reserved.

Dibujo 1

Copyright © by Holt, Rinehart and Winston. All rights reserved.

Dibujo 2

Copyright © by Holt, Rinehart and Winston. All rights reserved.

Dibujo 3

CAPÍTULO 1

Copyright © by Holt, Rinehart and Winston. All rights reserved.

Nombre _____ Clase _____ Fecha _____

Use el espacio abajo para escribir tanto como pueda de lo que sucedió en los dibujos.

_____

_____

_____

_____

_____

_____

_____

_____

_____

_____

_____

_____

_____

_____

_____

_____

_____

_____

_____

_____

_____

_____

_____

_____

_____

_____

_____

_____

_____

_____

_____

Copyright © by Holt, Rinehart and Winston. All rights reserved.

CAPÍTULO

2 Un viaje al extranjero

■ VAMOS A LEER

1 Antes de empezar

- Antes de iniciar una lectura, primero revise la idea general que tenga del contenido.

- ¿Está seguro/a de que entiende el título? Piense acerca de lo que le sugiere y sobre lo que ya conoce del tema.

- La lectura en este capítulo es un cuento tomado del libro *El conde Lucanor* del infante don Juan Manuel (1282-1347). Dé ahora una lectura general a la narración.

- Observe que el texto está en español antiguo, ya que fue escrito por el autor español en 1335.

- Recurra siempre al contexto cuando vea una palabra cuyo significado no entienda. Es fácil adivinar de qué se está hablando cuando entendemos todas las demás palabras que rodean a la palabra desconocida.

2 De lo que aconteció a un hombre bueno y a su hijo

Aconteció que un hombre bueno tenía un hijo de muy sutil entendimiento. Cada vez que el padre quería hacer algo, el hijo se permitía darle su opinión, persuadiéndole que si bien el negocio emprendido podía realizarse según les conviniera, era posible igualmente que se verificara de modo y manera que resultara en contra de sus intereses. [...] El hombre bueno y su hijo eran labradores y habitaban muy cerca de una importante villa. Un día que se celebraba el mercado en ésta, dijo el hombre bueno a su hijo que era cosa de ir a comprar no pocas cosas necesarias. Y acordaron llevar un borriquillo, sobre el que cargarían las impedimentas.

Conforme caminaban, llevando a la bestezuela sin carga alguna, encontraron a unos hombres que venían de la villa a la que ellos se dirigían. Los cuales hombres, entre cazurros y ladinos, empezaron a comentar la tontería del viejo y del mozo que, llevando al borrico descargado, iban ellos a pie.

Mandó entonces el hombre bueno a su hijo que montase en el borrico, pues le habían parecido muy puestas en razón las cuchufletas de los viandantes. Y adelantando de esta guisa se toparon con otros hombres chanceros, quienes aseguraron en voz alta que era indecoroso que fuera a pie el hombre viejo y cansado, mientras el mozo se solazaba sobre la bestia.

Preguntó, entonces, el hombre bueno a su hijo que qué le parecía lo que habían comentado aquellos hombres, y respondióle el hijo que muy cuerdo; por lo que el hombre bueno mandó al hijo que se bajara de la cabalgadura para montarse él.

Muy poco más allá, en el camino, se cruzaron con otros hombres, quienes afearon al padre el que, yendo él montado, no invitase a su hijo a subirse a la grupa, ya que a la bestia no se la dañaba demasiado con semejante peso.

Y entonces preguntó el hombre bueno a su hijo lo que le parecía aquella medida, contestándole el hijo que llena de sabiduría. Y entonces el hombre bueno mandó a su hijo que se subiera a las ancas. Y caminando de esta suerte tornaron a tropezarse con un grupo de feriantes, quienes apenas vieron a los jinetes empezaron a murmurar destempladamente a cuenta de que era una iniquidad la que cometían cabalgando ambos en una bestia tan ruin.

Y de nuevo el labrador preguntó a su hijo qué juicio le merecía el reproche de aquellos trajinantes, y el hijo respondió que, a su juicio, tenían razón.

Entonces el hombre bueno habló a su hijo en esos términos:

—Bien sabes, hijo mío, que cuando salimos de casa, íbamos a pie y descargado el borriquillo,

Copyright © by Holt, Rinehart and Winston. All rights reserved.

y que tú confesaste que te parecía bien. Encontramos en el camino a unos hombres que se burlaron, y entonces yo te mandé que te montases. Y tú dijiste que te parecía bien. Y nos topamos con otros hombres que te afearon la conducta de llevarme, a mis años a pie. Y te bajaste tú y me monté yo. Lo cual te pareció mejor. Mas como otros campesinos censuraron a costa de mi egoísmo paternal, te mandé subir a las ancas. Lo que colmó tu aquiescencia. Pero he ahí que estos a quienes acabamos de encontrar nos endilgan que obramos mal conjuntamente abrumando al borriquillo. ¡Y te parece, igualmente, que no yerran sus razones! Pues es así, ruégote que me digas qué podemos hacer para que las gentes no puedan meterse con nosotros, ya que a pie lo hacíamos mal, y tú en la bestia y yo a pie, peor; y detestablemente a la inversa, y del peor modo los dos montados, y, no obstante, es necesario que lo hagamos de alguna manera y seguro que una de las cuatro esté bien hecha. De todo lo cual puedes tomar ejemplo para las cosas que te sucediesen en tu hacienda, y en las que resuelvas lo que resolvieses siempre te pondrán peros y distingos. Por lo que no debes parar mientes en los dichos ajenos, y sí hacer aquello que fuera más conveniente y justo para ti.

cazurro callado pero pícaro
chancero que hace bromas
cuchufleta broma
endilgar dar algo desagradable
grupa parte trasera del caballo
hacienda bienes de una persona
impedimenta carga
ladino astuto
trajinante transportador de cosas
viandante caminante

CAPÍTULO 2

3 A los detalles

Indique si cada frase es verdadera (**v**) o falsa (**f**).

_____ 1. El padre siempre arruinaba los negocios del hijo.

_____ 2. El hijo daba opiniones no solicitadas.

_____ 3. Llevaban un burro con mercancía para vender.

_____ 4. Por el camino encontraron gente que los criticaba.

_____ 5. El padre y el hijo no hicieron caso a las críticas.

_____ 6. El padre le dice a su hijo que siempre debe hacer lo que crea más conveniente y justo para sus intereses.

4 Vamos a comprenderlo bien

1. Reflexione Ud. sobre el perjuicio que se puede ocasionar cuando una persona está constantemente dando consejos equivocados. ¿Ha tenido usted una experiencia de este tipo?
2. ¿Qué lección práctica le dio el padre a su hijo para hacerle ver sus desatinos?
3. ¿Cuál es su opinión de las personas que se meten en los asuntos ajenos? ¿Es usted una persona muy celosa de su privacidad?
4. ¿Cuál es la moraleja del cuento?

5 Barrio ortográfico: las sílabas

La sílaba es la unión de letras que se pronuncia con un solo golpe de voz. En toda sílaba siempre hay por lo menos una vocal (las vocales son **a, e, i, o, u**). Por ejemplo:

in	co	ca	ju
de	rre	mio	gue
pen	o	ne	te
den		ta	
cia			

Copyright © by Holt, Rinehart and Winston. All rights reserved.

Conviene nombrar las tres últimas sílabas:

antepenúltima	penúltima	última
pro **pó** si to	ca **mi** no	ver **dad**

En las siguientes palabras, ponga un círculo alrededor de la última sílaba. Luego, subraye la penúltima sílaba.

1. va mos
2. cla se
3. te le vi sión
4. puer ta
5. me sa

6. ven ta na
7. llo viz na
8. cul tu ral
9. em pie zas
10. ga so li na

Ahora, en las siguientes palabras, ponga un círculo alrededor de la antepenúltima sílaba.

11. ar gu men to
12. te lé fo no
13. sá ba do

14. llo viz na
15. A mé ri ca

6 Esquina gramatical: usos de *haber* y *tener*

Tres usos principales del verbo **haber** y del verbo **tener**.

¿Para qué sirve el verbo **haber**?

1. *Para expresar la existencia o presencia de algo o de alguien*:
   Hay muchos libros que nunca son consultados. Hay unos niños en el jardín.

2. *Para hacer comentarios de orden impersonal* (haber que + infinitivo):
   Hay que ser fuerte. Había que sobresalir.

3. *Para formar los tiempos compuestos* (con el participio pasado):
   He pensado en renunciar al trabajo. ¿Ha visto cuánto desorden?

¿Cuándo se usa el verbo **tener**?

1. *Cuando se transmite la idea de posesión*:
   Tengo una bicicleta de 10 velocidades. Chelo tiene una tía en Veracruz.

2. *Cuando se habla de una tarea u obligación* (tener que + infinitivo):
   Tengo que hacer el aseo antes de salir. Tuvo que estudiar duro para el examen.

3. *Cuando se expresa una acción acabada o en proceso de cumplirse* (con el participio pasado):
   Tuve planeado ese viaje por mucho tiempo.

Tomando en cuenta las reglas anteriores, escriba la forma correcta del verbo **haber** o el verbo **tener** según sea necesario. Si considera que en algunos casos se puede usar cualquiera de los dos, escriba el que considere más apropiado.

1. _____ días en que conviene mejor no levantarse de la cama.

2. La abuela _____ una casa en la playa y nos invita a visitarla en los veranos.

3. _____ vendido el terreno que me heredó papá.

4. _____ estado esperando este momento toda su vida.

5. Carlos _____ que preparar su discurso para la ceremonia.

Copyright © by Holt, Rinehart and Winston. All rights reserved.

Nombre _____ Clase _____ Fecha _____

■ VAMOS A ESCRIBIR

7 ¿Cómo redactar una descripción informativa? Escribir una descripción informativa es una oportunidad de aprender algo acerca de algo o alguien. Escriba Ud. una descripción informativa de una página acerca de una persona que Ud. conozca.

Antes de escribir

- Piense Ud. primero en tres características importantes de la persona que va a describir.
- Observe Ud. con cuidado cómo es esa persona y escriba una lista de detalles acerca de ella. Recuerde incluir detalles visuales y auditivos.
- Recopile información acerca de la persona que Ud. intenta describir. Si es posible, hable con la persona misma, o si no, entreviste a amigos, familiares o conocidos de la persona.

Escriba su primera versión

- Escriba una anécdota personal que llame la atención del lector y que ilustre el carácter de esa persona.
- Luego, intente crear, con palabras, una imagen de esa persona. Mencione los detalles más sobresalientes que Ud. observó.
- Escriba una breve historia, en orden cronológico, de los acontecimientos más importantes en la vida de esa persona.
- Escriba uno o dos párrafos de conclusión. Puede Ud. hacer referencia a lo que alguien dijo acerca de la persona que Ud. describe.

Evaluación y revisión

- ¿La anécdota personal que Ud. escribió es interesante e ilustra el carácter de la persona que Ud. describe?
- ¿La imagen que Ud. creó de esa persona es clara? ¿Utiliza palabras exactas?
- ¿La descripción proporciona suficiente información acerca del sujeto?
- ¿Su conclusión es interesante? ¿Captura Ud. la esencia de la persona descrita?

■ VAMOS A CONOCERNOS

8 A escuchar

Escuche las entrevistas del **Panorama cultural** del capítulo 2: "¿En dónde te gustaría vivir?" Ponga atención a la manera en que Mario, Ana María y Fernando responden y usan expresiones como: "me gustaría viajar", "me encantaría estudiar", "preferiría conocer". Luego, pregunte Ud. a tres compañeros en qué lugar les gustaría vivir por un año. Compare sus respuestas con las de los entrevistados.

CAPÍTULO 2

Copyright © by Holt, Rinehart and Winston. All rights reserved.

9 A pensar

El conflicto generacional ha sido uno de los hechos de la vida que ha estado presente desde que el mundo es mundo. Los adultos expresan que su experiencia les da autoridad para dirigir la vida de los hijos. Los hijos, a partir de la adolescencia, muchas veces cuestionan la autoridad de sus padres y se niegan a que su destino sea controlado. Están en total desacuerdo con la idea de que juventud sea sinónimo de irresponsabilidad. En la lectura de este capítulo el padre siempre escuchaba las opiniones de su hijo que, frecuentemente, eran bastante inadecuadas. Por esta razón el padre decidió darle una lección al incipiente consejero.

En media página describa cómo son las relaciones de un hijo imaginario con sus padres.

10 Así lo decimos nosotros

En algunos estados del sudoeste de los Estados Unidos, en donde la temprana presencia de exploradores y colonizadores españoles dejó su huella, es común que en las regiones aisladas se preserven algunas palabras antiguas que ya no se usan en los países de habla española. A estas palabras que han caído en desuso se les llama arcaísmos.

Lea la siguiente columna de arcaísmos y escriba en las líneas a la derecha la palabra de uso moderno que les corresponda.

1. ansina   _____así_____
2. asegún   _____
3. creatura   _____
4. dicir/dijir   _____
5. dispués   _____
6. emprestar   _____
7. mesmo   _____
8. naidien   _____
9. semos   _____
10. traidré   _____

■ VAMOS A CONVERSAR

11 Forme con un grupo de estudiantes un panel de debate. Formulen sus opiniones acerca de los derechos y obligaciones de los jóvenes. ¿Se han dado cuenta que en las sociedades de los países desarrollados los jóvenes están más protegidos por las leyes? ¿Por qué creen que esto es así? Formen dos grupos y discutan cuáles son las ventajas y desventajas que los jóvenes confrontan en la cultura anglosajona y en la cultura hispana. Expliquen.

CAPÍTULO 2

Copyright © by Holt, Rinehart and Winston. All rights reserved.

■ VAMOS A LEER

1 Antes de empezar

• Ángeles Mastretta, la autora del texto literario de este capítulo, nació en la ciudad de Puebla, México, en 1949. Es autora de la novela *Arráncame la vida* (1985), que ha sido traducida a doce idiomas, y del libro de relatos *Mujeres de ojos grandes* (1990). El texto que leerá en seguida: "Muertos de todos nuestros días" pertenece a su último libro: *Puerto libre* (1993).

• Antes de iniciar la lectura, piense en lo que le sugiere el título.

• Observe desde qué punto de vista está contada la narración: en primera, segunda o tercera persona.

• ¿Es la perspectiva que emplea la autora en este texto objetiva o subjetiva? ¿Es el contexto realista o sobrenatural?

2 Muertos de todos nuestros días

Aparecen de pronto aunque no sea noviembre, aunque no tengamos sino lo mismo para su ofrenda, aunque sepan que maldecimos su nombre por haberse marchado, aunque estén hartos de venir siempre que les lloramos, aunque ya nada nos deban.

Así es con los amores y los muertos. Los míos, como tantos, regresan.

Siempre, aun cuando no los llamo, vuelven. A veces me amonestan, otras me escuchan, las más simplemente se ponen a mirarme.

Intervienen en mis sueños, bailan dentro de mis secretos conociéndolo todo. Se burlan de mis miedos, me asustan recordando lo que creía olvidado.

Los míos son menos drásticos que los muertos de Juan Rulfo y menos enigmáticos. Esto no quiere decir que puedo manejarlos a mi antojo, pero sí que además de venir cuando ellos quieren, suelen venir cuando los llamo y entender el presente y hasta explicármelo.

Supongo que algo así le pasa a todo el mundo, que aquellos que han perdido a quienes fueron tan suyos como su índole misma, los evocan a diario con tal fuerza que los hacen volver a sentarse en la orilla de su cama, a seguirlos con la vista desde una fotografía, a pasarles la mano por la cabeza cuando creen que la vida es tan idiota que no merece el cansancio.

A veces mis muertos regresan para mezclarse con vivos que ya no son los mismos, para acunarse entre ellos, y engañarme.

La niña que se deja ver frente a mi escritorio está sentada en las piernas de su papá. Cabe toda completa en el ángulo abierto entre las rodillas y el pecho de ese hombre que debe tener como treinta y siete años, pero él la aprieta contra su cuerpo para que no se caiga. Con el otro brazo extendido hasta el índice de su mano señala algo que aún tiembla en la distancia.

Hay agua en aquel horizonte, una inmensa laguna clara frente a los ojos de la niña y el eterno temor que su padre siente por lo imprevisto. Pero ella está segura como nunca de que él todo lo puede y a ella nada la daña mientras lo tenga cerca.

A veces mi padre, cuando vuelve, trae con él a la niña. A veces viene a buscarla y encuentra sólo a la señora medio insomne en que me he convertido. Mi padre viene mucho, porque lo llamo tanto que no he dejado que se vaya. Al menos eso dicen quienes creen que los muertos pueden irse a algún sitio más lejano que éste en que nos acompañan.

—Déjalo irse a la luz —me dice una mujer que habla como si alguna vez hubiera estado ahí—. Déjalo descansar, ya no lo llames.

Por supuesto que no le hago ningún caso. Nada

Copyright © by Holt, Rinehart and Winston. All rights reserved.

más eso me faltaba, que además de haberse ido de la sombra en que estábamos juntos, tenga que irse a la luz y dejarnos vivir sin su muerte cercana y su risa invocable cada mañana.

No queda más remedio que aceptar que está muerto, pero de ahí a tener que aceptar que no esté, que desaparezca de mis deseos y mis trifulcas, que no me ayude a pensar, que pueda no escucharme cuando me quejo de algo o de todo, que no me haga el milagro que necesito a cada rato, que no mire crecer a mis hijos y no critique mi manera de preparar el spaguetti, hay un abismo que no voy a permitirle cruzar. [...]

Hay quienes litigan con sus muertos. Sé de una mujer que el dos de noviembre guisa para todos los parientes que ha ido perdiendo, y sirve una larga mesa en la que sienta a los vivos intercalados con los muertos. Va poniendo platos llenos en todos los lugares, hasta que llega al que solía ocupar su mari-do, entonces sirve un plato para ella y le dice al mayor de sus hijos:

—Ven a servirle a tu papá, porque yo a ese no le debo nada. Y si no fuera por ustedes, ni lo invitaba.

Después se sienta a la mesa y antes de empezar a comer le dice al aire: come si te parece y si no te gusta lárgate que ni haces falta.

Se necesitan bríos para este tipo de litigios, yo no daría ninguno. Los muertos están para ser nuestros cómplices o para morirse de verdad.

abismo profundidad grande
amonestar reprender a una persona
evocar recordar, revivir
índole manera de ser
litigar llevar a juicio
ofrenda cosa que se ofrece con amor y devoción
recalar llegar a un puerto
trifulca pelea, disputa, riña

"Muertos de todos nuestros días" from *Puerto Libre* by Ángeles Mastretta. Copyright © 1993 by **Ángeles Mastretta.** Reprinted by permission of the author.

3 A los detalles

1. ¿Cómo explica la autora la presencia de los muertos?
2. ¿Qué personaje, de entre sus muertos, es el que visita más a menudo a la autora?
3. ¿Por qué quiere la mujer que la autora deje a su padre irse a la luz?
4. ¿Qué le dice a su esposo la señora que litiga con sus muertos, al sentarse a la mesa?

4 Vamos a comprenderlo bien

1. ¿Por qué dice la autora "aunque no sea noviembre" cuando señala que los muertos aparecen de pronto? ¿Cuál es el significado especial que tiene este mes en los países hispanos?
2. ¿Cuál es el tipo de relación que la autora entabla con sus muertos? ¿Les teme o los trata con naturalidad?
3. ¿Qué tipo de analogía establece la autora entre la fotografía de la niña abrazada por su padre y la señora medio insomne?
4. ¿Está de acuerdo con la autora en que alguna gente siga alimentando malos sentimientos contra quienes ya murieron? ¿Para qué considera que están ahí los muertos?

5 Barrio ortográfico: las palabras según su acentuación

En cuanto a la acentuación, las palabras se clasifican por razón de su sílaba tónica en cuatro clases: agudas, llanas, esdrújulas y sobresdrújulas.

Son agudas las palabras que llevan la mayor fuerza de la pronunciación en la última sílaba (café, sartén, hablar, papel).

Son llanas las que llevan la fuerza de pronunciación en la penúltima sílaba (padre, lápiz, bicicleta, escuela).

Son esdrújulas las que llevan la fuerza en la antepenúltima sílaba (película, fórmula, América, bañándose).

Las sobresdrújulas llevan la fuerza de la pronunciación en alguna sílaba anterior a la antepenúltima (castíguesele, búsquemelo, digámoselo, acercándoseme).

Copyright © by Holt, Rinehart and Winston. All rights reserved.

Lea el texto otra vez, y haga una lista de 15 palabras: cinco agudas, cinco llanas y cinco esdrújulas. Preste mucha atención a las que llevan un acento ortográfico.

agudas	llanas	esdrújulas
_____	_____	_____
_____	_____	_____
_____	_____	_____
_____	_____	_____
_____	_____	_____

6 Esquina gramatical: *ser* y *estar*

Cuatro usos principales del verbo **ser** y del verbo **estar**.

¿Cuándo se usa el verbo **ser**?

1. *Cuando se indican características de alguien o algo*:
   Este profesor es un genio. Mis calificaciones del mes pasado no fueron muy buenas.

2. *Cuando se manifiesta origen o nacionalidad*:
   Gloria es de Colombia. Charly es irlandés.

3. *Cuando se expresa posesión*:
   Finalmente la casa es nuestra, ayer di el último pago. Ese barco en el muelle era de mi tío.

4. *Cuando se forma la voz pasiva* (con el participio pasado):
   Mi tía fue sorprendida por unos falsificadores. Los maestros deben ser recompensados por su esfuerzo.

¿Para qué sirve el verbo **estar**?

1. *Para expresar estados o condiciones y preguntas de orden personal*:
   Mamá está muy fatigada, no hay que molestarla. ¿Está usted de acuerdo en firmar estos papeles?

2. *Para referirse a lugares o situaciones*:
   El verano pasado estuve en Puerto Rico. Irma estaba divorciada en ese tiempo.

3. *Para indicar acciones progresivas* (con el participio presente):
   Estamos esperando que llegue el presidente. Estuve trabajando en el trabajo de investigación parte de la noche.

4. *Para señalar una acción acabada* (con el participio pasado):
   Esos exámenes ya están revisados. El cine ya estaba cerrado.

Tomando en cuenta las reglas anteriores, escriba en los espacios en blanco la forma correcta del verbo **ser** o del verbo **estar**.

1. Esta computadora _____ de mi hermano, me la prestó.

2. Juan _____ estudiando en Europa este semestre.

3. Mis padres _____ cubanos; yo nací en Miami.

4. No voy a salir; _____ preparándome para los exámenes finales.

5. Mi hermano _____ miembro del equipo de fútbol americano la temporada pasada.

Copyright © by Holt, Rinehart and Winston. All rights reserved.

■ VAMOS A ESCRIBIR

7 ¿Cómo escribir una narración personal? La narración personal cuenta un acontecimiento particularmente importante para Ud. En dos páginas, escriba una narración personal.

Antes de escribir

- Escoja una experiencia personal que sea digna de contar.
- Hágase las siguientes preguntas: ¿Qué tan importante ha sido esa experiencia para Ud.? ¿Qué aprendió? ¿Recuerda esa experiencia con claridad? ¿Está Ud. dispuesto/a a compartirla?
- Una narración personal describe acontecimientos, gente y lugares que son parte de esa experiencia.
- Una narración explica la importancia de esa experiencia y su significado.

Escriba su primera versión

- Escriba su primera versión basándose en el siguiente modelo:

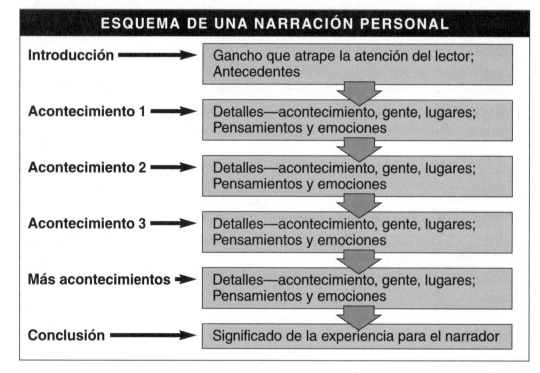

ESQUEMA DE UNA NARRACIÓN PERSONAL

Introducción	Gancho que atrape la atención del lector; Antecedentes
Acontecimiento 1	Detalles—acontecimiento, gente, lugares; Pensamientos y emociones
Acontecimiento 2	Detalles—acontecimiento, gente, lugares; Pensamientos y emociones
Acontecimiento 3	Detalles—acontecimiento, gente, lugares; Pensamientos y emociones
Más acontecimientos	Detalles—acontecimiento, gente, lugares; Pensamientos y emociones
Conclusión	Significado de la experiencia para el narrador

Evaluación y revisión

- ¿El inicio de su narración llama la atención del lector?
- ¿Su narración incluye suficientes antecedentes?
- ¿Utilizó Ud. palabras como primero, luego, o después para indicar claramente el orden cronológico de los acontecimientos?
- ¿Qué imágenes sensoriales empleó Ud. para hacer que la gente, los lugares y los acontecimientos parezcan reales?
- Subraye las palabras que Ud. utiliza para calificar a las personas, los lugares o los acontecimientos. Intente modificar la posición de esas palabras. ¿Suenan mejor antes o después de esa persona, lugar o acontecimiento?

Copyright © by Holt, Rinehart and Winston. All rights reserved.

CAPÍTULO 3

■ VAMOS A CONOCERNOS

8 A escuchar

Escuche las entrevistas del **Panorama cultural** del capítulo 3: "¿Cuál es tu profesión?"
Pregunte Ud. a tres compañeros cuál es su rutina diaria. Pregúnteles qué hacen en horas
específicas del día. Luego, pregúnteles a qué hora se levantan. Finalmente, pregúnteles qué
hacen por la tarde o por la noche. Compare las respuestas con las de los entrevistados.

9 A pensar

La celebración del Día de los Muertos en México es única en carácter, procedencia y significado cultural. El Día de los Muertos (2 de noviembre), la gente recuerda a sus muertos de distintas maneras. Algunas personas pasan la noche en el cementerio y llevan ofrendas de flores y
comida. Otras personas simplemente llevan flores a las tumbas de sus muertos. Otra gente
enciende veladoras en su casa. Algunos individuos hacen ofrendas en altares en sus casas; la
mayoría, va a la iglesia. La celebración del Día de los Muertos proviene de las tradiciones indígenas del país. En algunas comunidades, la celebración del Día de los Muertos involucra a
todos los habitantes y se prepara con meses de anticipación. Hay dulces y panes especiales
para la ocasión.

¿Y Ud. qué hace para conmemorar a sus muertos? ¿Por qué cree Ud. que la conmemo-
ración de los muertos es importante en algunas culturas y en otras no? Piense en sus
experiencias personales y compare.

10 Así lo decimos nosotros

El uso de las **palabras con letras omitidas** constituye una práctica bastante común debido a
la rapidez con que se articulan los sonidos en la cavidad bucal. Es conveniente estar consciente
de estos accidentes para poder reconocer las mismas palabras al verlas en su forma completa.

En el siguiente ejercicio, escriba en las líneas en blanco la versión incompleta de las
palabras a la izquierda.

MODELO lado   **lao**

1. agarró   _____

2. ella   _____

3. enaguas   _____

4. abuelo   _____

5. conmigo   _____

6. obediencia   _____

7. graduarse   _____

8. todavía   _____

9. ahorita   _____

10. octavo   _____

■ VAMOS A CONVERSAR

11 Júntese con dos o tres compañeros y relaten cada uno una experiencia personal relaciona-
da con la escuela. Puede ser acerca de sus clases, los deportes, las actividades culturales,
los paseos, sus amigos. Proporcionen el mayor número de detalles posibles acerca de esa
experiencia. Luego, discutan el significado de esa experiencia personal. ¿Qué tan distintas
son sus experiencias personales? Compárenlas.

Copyright © by Holt, Rinehart and Winston. All rights reserved.

¡Adelante con los estudios!

■ VAMOS A LEER

1 Antes de empezar

- El escritor mexicano Ignacio Manuel Altamirano, autor del fragmento literario en este capítulo, nació el 3 de noviembre de 1834. Hijo de indígenas del estado de Guerrero, Altamirano fue escritor, militar, orador, periodista político, ensayista, diplomático, cronista y maestro universitario.

- En el siguiente texto literario, que forma parte de su novela *Navidad en las montañas*, Altamirano narra la nostalgia que embarga a un capitán que una noche navideña atraviesa con su asistente un paraje montañoso. El personaje central y narrador omnisciente evoca celebraciones de Navidad a través de su vida.

2 Navidad en las montañas

La noche se acercaba tranquila y hermosa: era el 24 de diciembre, es decir, que pronto la noche de Navidad cubriría nuestro hemisferio con su sombra sagrada y animaría a los pueblos cristianos con sus alegrías íntimas. ¿Quién que ha nacido cristiano y que ha oído renovar cada año en su infancia la poética leyenda del Nacimiento de Jesús, no siente en semejante noche avivarse los más tiernos recuerdos de los primeros días de la vida?

Yo ¡ay de mí! al pensar que me hallaba, en este día solemne, en medio del silencio de aquellos bosques majestuosos, aun en presencia del magnífico espectáculo que se presentaba a mi vista absorbiendo mis sentidos embargados poco há por la admiración que causa la sublimidad de la naturaleza, no pude menos que interrumpir mi dolorosa meditación, y encerrándome en un religioso recogimiento, evoqué todas las dulces y tiernas memorias de mis años juveniles. Ellas se despertaron alegres como un enjambre de bulliciosas abejas y me transportaron a otros tiempos, a otros lugares: ora al seno de mi familia humilde y piadosa, ora al centro de populosas ciudades, donde el amor, la amistad y el placer en delicioso concierto, habían hecho siempre grata para mi corazón esa noche bendita.

Recordaba mi pueblo, mi pueblo querido, cuyos alegres habitantes celebraban a porfía con bailes, cantos y modestos banquetes la Nochebuena. Parecíame ver aquellas pobres casas adornadas con sus nacimientos, y animadas por la alegría de la familia: recordaba la pequeña iglesia iluminada, dejando ver desde el pórtico el precioso Belén, curiosamente levantado en el altar mayor: parecíame oír los armoniosos repiques que resonaban en el campanario, medio derruído, convocando a los fieles a la misa de gallo, y aun escuchaba con el corazón palpitante, la dulce voz de mi pobre y virtuoso padre, excitándonos a mis hermanos y a mí a arreglarnos pronto para dirigirnos a la iglesia, a fin de llegar a tiempo; y aun sentía la mano de mi buena y santa madre tomar la mía para conducirme al oficio. [...] Y luego, a la voz del celebrante, que se elevaba sonora entre los devotos murmullos del concurso, cuando comenzaban a ascender las primeras columnas de incienso, de aquel incienso recogido en los hermosos árboles de mis bosques nativos, y que me traía con su perfume algo como el perfume de la infancia, resonaban todavía en mis oídos los alegrísimos sones populares con que los tañedores de arpas, de bandolinas y de flautas, saludaban el nacimiento del Salvador. El *Gloria in excelsis*, ese cántico que la religión cristiana supone poéticamente entonado por ángeles y por niños, acompañado por alegres repiques, por el ruido

Copyright © by Holt, Rinehart and Winston. All rights reserved.

de los petardos y por la fresca voz de los muchachos del coro, parecía transportarme con una ilusión encantadora al lado de mi madre, que lloraba de emoción, de mis hermanitos que reían, y de mi padre, cuyo semblante severo y triste, parecía iluminado por la piedad religiosa.

Y después de un momento en que consagraba mi alma al culto absoluto de mis recuerdos de niño, por una transición lenta y penosa, me trasladaba a México, el lugar depositario de mis impresiones de joven.

Aquél era un cuadro diverso. Ya no era la familia, estaba entre extraños; pero extraños que eran mis amigos, la bella joven por quien sentí la vez primera palpitar mi corazón enamorado, la familia dulce y buena que procuró con su cariño atenuar la ausencia de la mía.

Eran las posadas con sus inocentes placeres y con su devoción mundana y bulliciosa; era la cena de Navidad con sus manjares tradicionales y con sus sabrosas golosinas; era México, en fin, con su gente cantadora y entusiasmada, que hormiguea esa noche en las calles corriendo gallo; con su Plaza de Armas llena de puestos de dulces; con sus portales resplandecientes; con sus dulcerías francesas, que muestran en sus aparadores iluminados con gas, un mundo de juguetes y de confituras preciosas; eran los suntuosos palacios derramando por sus ventanas torrentes de luz y de armonía. Era una fiesta que aun me causaba vértigo.

Pero volviendo de aquel encantado mundo de los recuerdos a la realidad que me rodeaba por todas partes, un sentimiento de tristeza se apoderó de mí.

¡Ay! Había repasado en mi mente aquellos hermosos cuadros de la infancia y de la juventud; pero ésta se alejaba de mí a pasos rápidos, y el tiempo que pasó al darme su poético adiós hacía más amarga mi situación actual.

¿En dónde estaba yo? ¿qué era entonces? ¿adónde iba? Y un suspiro de angustia respondía a cada una de estas preguntas que me hacía, soltando las riendas a mi caballo, que continuaba su camino lentamente.

brocado tela de seda con dibujos que parecen bordados

bulliciosa alegre, animada, inquieta

confitura fruta en dulce en cualquier forma

correr gallo tener un festejo popular de carnaval

enjambre conjunto de abejas

misa de gallo misa que se dice a media noche del 24 al 25 de diciembre

repicar sonar o tocar las campanas

sublimidad belleza mística

suntuoso lujoso, magnífico

torrente corriente de agua

3 A los detalles

1. ¿En dónde estaba el personaje de la historia al recrear estas memorias?
2. ¿En qué lugar se desarrollan los recuerdos de la infancia del personaje?
3. ¿A qué miembros de su familia menciona el personaje principal?
4. ¿Cuál es el otro lugar en el que el protagonista evoca su juventud?
5. ¿Qué celebraciones navideñas recuerda el personaje de su juventud en la capital?

4 Vamos a comprenderlo bien

1. Compare su idea de la Navidad con la que recrea el autor. ¿Ha estado usted presente en una misa de gallo? ¿Tiene alguna idea de qué trata esta celebración religiosa? Explique.
2. El tono del relato es evocativo. De él se desprende la visión idealizadora de que "todo tiempo pasado fue mejor". ¿Qué piensa usted del punto de vista del autor? ¿Cree usted que lo que quedó atrás, tan sólo porque ya fue vivido, siempre fue mejor? ¿Cree usted que la gente tiene la tendencia a olvidar los malos momentos? ¿Por qué?
3. ¿Qué piensa de la actual comercialización de la Navidad? ¿Cuál es su opinión sobre los cambios que ha experimentado la celebración navideña?
4. ¿Por qué cree usted que el personaje central, después de evocar sus vivencias navideñas de la niñez y la juventud, termina con un profundo sentimiento de tristeza?

C A P Í T U L O 4

Copyright © by Holt, Rinehart and Winston. All rights reserved.

5 Barrio ortográfico: el diptongo

- Entre las cinco vocales en español, la **a**, la **e** y la **o** se consideran vocales fuertes, y la **i** y la **u** débiles. Cuando se unen una vocal fuerte y una vocal débil forman un diptongo. Un diptongo es la pronunciación de dos vocales —una fuerte y una débil o dos débiles— en la misma sílaba.

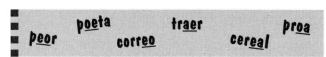

cambiar   comiendo   ciudad   escuela   violín

baile   peine   ruido   coincidir   causa

- Usando como punto de referencia el texto de la lectura, haga una lista de diez palabras que contengan dos vocales juntas. Subraye aquéllas que sean diptongos. No se olvide de que para ser un diptongo, las dos vocales juntas deben pronunciarse en una sola sílaba como en los ejemplos de arriba.

1. _____   5. _____   9. _____
2. _____   6. _____   10. _____
3. _____   7. _____
4. _____   8. _____

6 Esquina gramatical: el hiato

- Contrario al diptongo, el **hiato** es la pronunciación de dos vocales juntas en dos sílabas distintas. Por ejemplo:

peor   poeta   correo   traer   cereal   proa

Busque en el texto dos palabras que contengan un hiato de dos vocales fuertes (**a, e, o**).

1. _____   2. _____

- Como Ud. ya sabe una vocal fuerte y una débil o dos vocales débiles en una palabra forman un diptongo, ¿por qué cree Ud. que se escriben las palabras en la lista con un acento ortográfico sobre la vocal débil? Complete la regla que sigue.

María	oído	baúl
Mario	oigo	causa
día	sonreír	hacía
diario	reina	hacia

3. Las vocales _____ y _____ llevan un acento ortográfico cuando van agrupadas con las vocales _____, _____ y _____ para mantener el hiato e impedir que se forme un _____.

En las siguientes palabras, indique si las vocales constituyen un **hiato** o un **diptongo**.

4. _____ puerta   9. _____ causa
5. _____ ataúd   10. _____ cuaderno
6. _____ agua   11. _____ María
7. _____ baúl   12. _____ peine
8. _____ calendario   13. _____ feria

Copyright © by Holt, Rinehart and Winston. All rights reserved.

CAPÍTULO 4

■ VAMOS A ESCRIBIR

7 ¿Cómo escribir un narración retrospectiva? Planee y escriba un esquema de una narración retrospectiva.

Antes de escribir

- Una narración o relato se compone de varios elementos: el conflicto, el desarrollo, el climax, y el desenlace.
- El conflicto es una situación de oposición, desacuerdo o lucha entre personas.
- El desarrollo del relato puede ser una serie de acciones, así como pensamientos.
- El climax es una acción que precipita la solución al conflicto o desenlace.
- El desenlace es el final de un relato en donde se resuelven todos los asuntos desarrollados en el texto.

Escriba su primera versión

ESQUEMA DEL RELATO

PERSONAJES: Lalo, El Grupo (El Neto, El Orejas, Chiquilín, El Jefe), la Sra. Rodríguez

ESCENARIO: un barrio y un parque durante el verano

ARGUMENTO: Conflicto: Lalo quiere detener a La Banda para que no destruyan los rosales de la Sra. Rodríguez.

Desarrollo:

(1) Lalo escucha los planes de El Grupo y decide usar un aspersor para detenerlos.

Climax:

(2) El Grupo se aparece en el patio de los Rodríguez. Lalo los baña con los aspersores.

Desenlace:

(3) La Sra. Rodríguez piensa que los muchachos le han hecho un favor y les da las gracias.

Evaluación y revisión

- ¿El conflicto está bien claro?
- ¿Incluyó Ud. bastantes detalles en el desarrollo?
- ¿Empleó Ud. un suceso o acción que precipite el desenlace?
- El desenlace de su narración, ¿está bien claro para sus lectores?

■ VAMOS A CONOCERNOS

8 A escuchar

Escuche las entrevistas del **Panorama cultural** del capítulo 4: "¿Qué haces después del colegio?" Ponga atención al modo en que las entrevistadas indican que las actividades que realizan ocurren después del colegio. ¿Cómo lo indican Victoria y Marcela?

Copyright © by Holt, Rinehart and Winston. All rights reserved.

Ponga atención también a las palabras que ellas usan para indicar lugar. Basándose en lo que escucha, decida qué lugar es "aquí" para Jennifer y qué lugar es "ahí" para Marcela.

9 A pensar

¿Qué hacen en su tiempo libre los habitantes de la Ciudad de México? En el oriente está Ciudad Deportiva, con canchas de fútbol, tenis, baloncesto, béisbol, pistas de carreras, de ciclismo e incluso de automóviles. El parque de Chapultepec, en el oeste, tiene un lago, un nuevo zoológico y varios museos. Coyoacán, en el sur, es la zona cultural por excelencia, con teatros, museos, cafeterías, librerías, restaurantes. La Zona Rosa, muy cerca del centro de la ciudad, es un centro de galerías de arte, restaurantes, discotecas, cafés, cines y galerías comerciales.

¿Qué actividades realiza Ud. en su tiempo libre? ¿Qué cosas se pueden hacer en el lugar en el que Ud. vive? En media página, responda Ud. a esas preguntas y compare sus respuestas con las de un(a) compañero(a).

10 Así lo decimos nosotros

Los anglicismos son palabras procedentes de la lengua inglesa. Entre la comunidad hispana que reside en los Estados Unidos, es muy común la adaptación de voces inglesas al español. Cuando una palabra inglesa se hispaniza resulta un anglicismo. Con el tiempo, estos nuevos giros lingüísticos pueden llegar a adquirir un reconocimiento oficial. Tal es el caso de palabras como: gángster, snob, boicotear, radar, taxi, camuflaje, sandwich, estándar, etc.

En las siguientes oraciones subraye la palabra aceptada por su uso internacional.

1. Mamá no quería sainear/firmar la libreta de calificaciones.
2. Ya compré los boletos/tiquetes para el concierto.
3. Papá siempre se pone de mal humor cuando hace los biles/pagos mensuales.
4. Tengo un bonche/montón de ropa sucia que lavar.
5. El mitin/la reunión de los maestros fue todo un éxito.
6. No creí que fuera a reprobar/flonquear matemáticas.
7. Ya estoy harto de ocuparme cada fin de semana del jardín/de la yarda.
8. Desde que Lisa me traicionó ya no confío/trosteo en ella.
9. La maestra me pescó chitiando/copiándome en el examen.
10. ¿A cuánta(o)s cuadras/bloques de aquí queda tu casa?

■ VAMOS A CONVERSAR

11 ¿Qué día festivo le trae a Ud. más recuerdos? Con un grupo de compañeros forme Ud. un grupo de conversación. Lean la lectura de este capítulo y decidan qué día festivo le trae más recuerdos a cada uno. Luego, túrnense para contar cómo era esa festividad. Estén preparados para hacer preguntas específicas.

Copyright © by Holt, Rinehart and Winston. All rights reserved.

CAPÍTULO 5

Ponte en forma

■ VAMOS A LEER

1 Antes de empezar

- Cuando se trata de presentar una historia en que varias personas exponen sus puntos de vista en forma de conversación, no hay mejor técnica que el uso del diálogo.

- El diálogo está presente en todos los géneros literarios: en la poesía, en la novela y obviamente en su terreno natural, las obras de teatro.

2 La cita soñada

Acto Primero

Catalino Vega ha querido invitar a salir a Celeste Nava desde que la vio por primera vez en la secundaria. Ahora que están en la Preparatoria, y que él es un empleado de un restaurante, ha ahorrado suficiente dinero para invitarla al centro de diversiones "Alegría".

(En la cafetería de la escuela.)
CATALINO: Celeste, ¡hola! ¿qué tal? ¿Te puedo acompañar en tu mesa?
CELESTE: (Levantando la vista de un libro) ¡Ah, Catalino! La verdad es que estoy esperando a unas amigas, nos quedamos de ver aquí a la hora del descanso. Mira, ahí hay otras mesas libres.
CATALINO: (Un poco intimidado) Sí, gracias, Celeste, verás, (tartamudeando) siempre me has parecido la muchacha más linda, y yo, este, me pregunto si te gustaría ir conmigo este sábado a "Alegría".
CELESTE: (Demostrando un mayor interés en él) Pero Catalino, ¡a "Alegría"! si los boletos de entrada son carísimos. Además los juegos mecánicos me dan miedo, sobre todo la montaña rusa. Me ponen mal.
CATALINO: No te preocupes, yo invito, yo me hago cargo de todo, (Con una respiración profunda) yo te cuido, yo te protejo, yo te quiero. (Todo turbado) Yo te quiero decir que sólo nos subiremos a los juegos que tú quieras. ¿Qué dices?

CELESTE: (Viéndolo con una mirada prometedora) Bueno, si es así, a mí me gustaría mucho. Tendremos que llevar ropa adecuada, porque de muchos de los juegos se sale completamente mojado.
CATALINO: No te preocupes por nada. Yo me ocupo de todo. Voy a llevar en la mochila una toalla, medicina para los mareos, sombreros de sol, lo que necesites.
CELESTE: Catalino, no sabía que fueras tan gentil. Entonces pasas por mí a mi casa el sábado a las 9 de la mañana.
CATALINO: (Con una cara que transparenta felicidad) Perfecto. Vamos a pasar un día muy divertido.
CELESTE: Mira, ahí vienen mis amigas, nos vemos el sábado.
CATALINO: En tu casa, a las nueve. (Se aleja, hablando para sí mismo) ¡Sí! ¡La hiciste! ¡Bravo! Ves que sí podías. ¡Mucho!

Acto Segundo

(Catalino casi no pudo dormir y se cambió de ropa cuatro veces antes de salir. Su papá le prestó el auto por todo el día a cambio de que corte el césped el día siguiente. A las 9:00 en punto toca en la puerta de la casa de Celeste.)
SR. NAVA: ¿Qué se le ofrece, jovencito?
CATALINO: Buenos días, señor Nava, mi nombre es Catalino Vega. Invité a Celeste a ir a "Alegría" el día de hoy... (Se oye un grito que procede del segundo piso)

Copyright © by Holt, Rinehart and Winston. All rights reserved.

CELESTE: Papá, dile que ya bajo.

SR. NAVA: Pásele, siéntese, no querrá crecer más. Ahora baja Celeste. Que se diviertan. (El señor toma el periódico que estaba tirado en el porche y se dirige a la cocina)

CELESTE: Catalino, vente a la cocina, ¿no quieres un jugo de naranja? Mamá hizo pancakes, acompáñame a comer algo.

CATALINO: (Extasiado, todavía sin poder creer que se encuentra en la intimidad del hogar de Celeste) Gracias, de veras, yo ya comí...

CELESTE: (Con un vaso de jugo de naranja en una mano y un pan con huevo y salchicha en la otra) Lista. (Grita) Papá, mami, vuelvo por la tarde.

(Al llegar a "Alegría" suben al tren que les da un paseo general por el parque de diversiones. El primer juego mecánico al que suben es la rueda de Chicago y Catalino, de inmediato, empieza a dar signos de malestar. Al subir los contenedores a la parte superior se pone pálido y empieza a sudar.)

CELESTE: ¿Te encuentras bien?

CATALINO: (Disimulando mal su estado de salud) ¿Yo? Claro, no te pongas nerviosa, acuérdate que estoy aquí para cuidarte.

(Al bajar del juego, le pide a Celeste que lo espere mientras va a lavarse la cara al baño, señalando que tiene un poco de calor. Al salir, Celeste le hace señas desde una fila para subirse a otro juego)

CELESTE: (Que está muy entusiasmada con la agitación del juego) Catalino, es una suerte haberte encontrado, cuando te veía en los pasillos de la escuela nunca imaginé que fueras un muchacho tan simpático, tan amable. El solo hecho de estar a tu lado me hace sentir segura. Eres tan fuerte, me inspiras tanta confianza que no tengo ningún inconveniente en subirme contigo a la montaña rusa.

CATALINO: (Al terminar la tanda) Lo que tú ordenes, tú aquí eres la reina. Pero, ¿te importaría esperarme un poco?, creo que necesito ir a la enfermería. (Después de un largo rato el doctor sale y le avisa a Celeste que Catalino debe guardar reposo por el resto del día. Celeste, sorprendida, llama por teléfono a sus papás para que vayan a recogerla. No sin antes despedirse, cariñosamente, de Catalino, quien se encuentra recostado en el diván de la enfermería.)

CELESTE: Catalino, me hubieras dicho que no te sentaban bien los juegos mecánicos. ¡Qué injusticia! Mientras yo estaba pasando una mañana estupenda... Te invito el próximo sábado al cine. Te tienes que sentir bien para entonces. (Dándole un beso en la mejilla) Me tengo que ir porque están por llegar mis papás. Nos vemos el lunes en la cafetería a la hora del lonche.

CATALINO: (Con la cara iluminada por el beso) ¿Al cine?

CELESTE: Sí, hay una nueva película de terror que dicen que es tremenda, horripilante.

CATALINO: (Celeste ya salió) ¡Pero, Celeste! Las películas de terror me enferman. ¡Con sólo ver la sangre, me pongo nauseabundo!

3 A los detalles

1. ¿Qué efecto dice Celeste que le causan los juegos mecánicos?
2. ¿Qué le promete Catalino a Celeste para convencerla de ir con él a "Alegría"?
3. Cuando va Catalino a recoger a Celeste a su casa, ¿qué le ofrece ella de comer?
4. ¿Qué le sucede a Catalino en el parque de diversiones cuando sube a la rueda de Chicago?
5. ¿Cómo termina el paseo?

4 Vamos a comprenderlo bien

1. ¿Cuál es su opinión sobre las personas que, como Catalino, intentan ocultar lo que están pasando para no contrariar a su pareja? ¿Qué habría hecho usted en caso de haberse encontrado en una situación semejante?
2. ¿Le importa mucho que el(la) amigo(a) con quien sale se comporte de manera tradicional?

Copyright © by Holt, Rinehart and Winston. All rights reserved.

5 Barrio ortográfico: los pronombres demostrativos

Los pronombres demostrativos son aquellos que expresan una relación de distancia respecto al espacio y al tiempo. Por ejemplo: **Éste** está más cerca de mí; **Ése** va muy rápido; **Aquéllos** fueron los mejores días de mi vida. Algunas veces estas palabras funcionan como adjetivos, por ejemplo: esta señora; y otras como pronombres, por ejemplo: ésta siempre hace lo que le da la gana. Los demostrativos **este, ese** y **aquel**, con sus femeninos y plurales, llevarán acento cuando funcionen como pronombres, por ejemplo: <u>ése me las va a pagar.</u>

Basándose en la información anterior, encierre en un círculo la palabra que mejor complete la oración.

1. Bueno, aquí estamos. Creo que **ése/ese/éste** es el mismo parque de atracciones que visitamos durante el verano de 1995.
2. **Ésa/Ésta/Esta** actriz no hizo muy buen trabajo.
3. A Silvia le fue muy bien en la entrevista. El contratista dijo: **ésta/aquella/ésa** es la empleada que estaba esperando.
4. Anoche encontré **ese/ése/éste** suéter que traía perdido.
5. Esta ciudad es ahora mucho más bella que **ésta/aquélla/aquella.**
6. Este caldo que ordené no sabe muy bien; **ése/aquél/ese** tiene más mariscos.

6 Esquina gramatical: la raíz

Las palabras están formadas por partículas denominadas: **raíz** y **afijos**. La **raíz** es el elemento fundamental común a toda una familia de palabras. Por ejemplo: en las palabras casero, caseta, casar, casado, casamiento, casadera, casamentera, etc., observe que el elemento común inalterable es <u>cas</u>, esta es la **raíz**.

En la línea de la izquierda escriba la raíz de las palabras a la derecha.

1. _____ libro, librería, librero
2. _____ cobro, cobrador, cobranza
3. _____ forma, informal, formativo
4. _____ malo, malicia, malestar
5. _____ santo, santero, santidad
6. _____ cromo, cromático, polícromo
7. _____ hipnosis, hipnotismo, hipnotizador
8. _____ matriz, maternal, maternidad
9. _____ patria, patriota, patriotismo
10. _____ salir, salida, saliente

Copyright © by Holt, Rinehart and Winston. All rights reserved.

CAPÍTULO 5

■ VAMOS A ESCRIBIR

7 ¿Cómo escribir un diálogo? El diálogo es útil en cualquier género y en cualquier medio. En dos páginas escriba un diálogo entre dos o más personajes. Use anotaciones acerca del diálogo, de la misma manera en que aparecen en la lectura de este capítulo.

Antes de escribir

- Vuelva a leer la lectura de este capítulo y ponga atención al modo en que está organizada y a los dos personajes principales: Catalino y Celeste.

- Piense en dos personajes y en una situación para ellos. Por ejemplo: Pedro y Pablo, dos adolescentes, intentan decidir en dónde pasar la tarde, en el cine o en la pista de patinaje.

- Responda a las siguientes preguntas acerca de sus personajes: qué edad tienen, cómo son físicamente, cómo se visten, cómo se mueven, qué personalidad tienen.

Escriba su primera versión

- Comience por escribir una situación. Por ejemplo: A Carolina no le gustó su nuevo corte de pelo. Luego transforme esa situación en un diálogo.

- Recuerde que los diálogos en español se construyen con un guión largo para indicar que la persona habla y un segundo guión largo (o paréntesis) para indicar que es el narrador quien habla.

- Intente utilizar lenguaje informal, es decir, lenguaje que la gente usa en sus conversaciones cotidianas para dar una sensación de realidad.

- En vez de emplear constantemente palabras como "dijo", use palabras que indiquen el modo en el que el personaje habla, como "murmuró", "gritó", "se lamentó", "comentó riéndose".

Evaluación y revisión

- ¿Su diálogo suena natural?
- ¿Puede el lector imaginar cómo son los personajes?
- ¿La trama está clara?
- ¿Utiliza Ud. palabras que indiquen cómo hablan sus personajes?

■ VAMOS A CONOCERNOS

8 A escuchar

Escuche las entrevistas del **Panorama cultural** del capítulo 5: "¿Qué haces para mantenerte en forma?" Ponga atención al modo en el que los entrevistados de San Diego, San Antonio, Quito y Río Piedras responden a la pregunta. Ponga atención a lo que responde Minerva y a cómo explica ella sus razones. Converse con un compañero e intente utilizar las mismas expresiones de conversación natural y fluida que usa Minerva. Por ejemplo, diga: "Aparte de…, me siento… Además…."

Copyright © by Holt, Rinehart and Winston. All rights reserved.

Nombre _____ Clase _____ Fecha _____

9 A pensar

Asistir al cine o a parques de diversiones en algunos países hispanohablantes constituye una experiencia diferente. En España, por ejemplo, las películas extranjeras están dobladas al español por actores locales. En muchos lugares todavía existe la tradición de ver dos o tres películas en la misma sala, en lo que se conoce como doble o triple función. Las video-caseteras están cambiando poco a poco estas costumbres, pero todavía es común que existan los llamados cines de barrio, es decir, cines a los que la gente del vecindario asiste y en los cuales la gente socializa. En los países latinoamericanos son comunes las ferias ambulantes. Estas empresas se establecen, temporalmente, con sus juegos mecánicos en barriadas o comunidades rurales y son fuente de gran diversión para los niños.

Y Ud., ¿cómo disfruta de su tiempo libre? Pregunte a sus padres o abuelos si iban al cine o a las ferias y cómo eran sus experiencias de entretenimiento. Compare sus sitios de diversión.

10 Así lo decimos nosotros

En las **palabras con letras añadidas** se presenta el caso del uso de letras innecesarias al pronunciar estos términos de uso común. Son palabras que, muchas veces, la fuerza de la costumbre hace que luzcan como apropiadas pero no siempre lo son.

En el siguiente ejercicio elimine la letra superflua de la palabra y escriba en la línea de la derecha la palabra correcta.

Si no está seguro de la ortografía de la palabra, consulte su diccionario.

1. Miyo   _____**Mío**_____
2. Traíban   _____
3. Aldrede   _____
4. Distincto   _____
5. Aigre   _____
6. Atoques   _____
7. Véngansen   _____
8. Afigurarse   _____
9. Dientista   _____
10. Trotiar   _____

■ VAMOS A CONVERSAR

11 Forme con sus amigos un panel de debate y discutan acerca de los estereotipos que ubican a la mujer como un ser frágil e indefenso y al hombre como un ser fuerte, proveedor y protector de su pareja. Observe que la reproducción de estos estereotipos se da con gran frecuencia en las obras literarias (poemas, novelas y obras de teatro) y en las películas. Comenten sobre películas en que los estereotipos sobre los roles tradicionales del hombre y la mujer sean evidentes y expresen sus ideas sobre cómo deben ser presentados bajo un punto de vista con mayor justicia e igualdad.

Holt Spanish 2 ¡Ven conmigo!   Cuaderno para hispanohablantes, Teacher's Edition **25**

Copyright © by Holt, Rinehart and Winston. All rights reserved.

C A P Í T U L O 6

De visita en la ciudad

■ VAMOS A LEER

1 Antes de empezar

- El primer paso para obtener una idea general del contenido del texto es darle una lectura rápida. ¿De qué trata el texto?

- Una vez que identifique el tipo de texto, ya sea de orden objetivo o subjetivo, reflexione sobre la información que tenía sobre el tema y la que ahora ha adquirido.

- Si acaso encuentra palabras cuyo significado no sabe, es conveniente que vea su diccionario.

- Después de una segunda lectura más detenida conteste esta pregunta: ¿Cuáles son algunos de los puntos claves (más importantes) que se exponen en el artículo?

2 El ejemplo de Selena

Selena, cuyo nombre completo era Selena Quintanilla Pérez, solía ser llamada la reina de la música tejana. La joven estrella musical nació en Lake Jackson, Texas el 16 de abril de 1971. A principios de los ochenta, debido a la crisis del petróleo, la familia de Selena perdió su casa y tuvo que cerrar su restaurante familiar y mudarse al barrio modesto de Molina, en Corpus Christi.

Selena, desde niña asimiló y mantuvo los principios de la cultura hispana: la devoción a la familia y el orgullo de pertenecer a la comunidad mexicoamericana. A pesar de que su lengua nativa fue el inglés, Selena aprendió la lengua de sus padres y empezó a cantar en español.

A la edad de 9 años, entró a formar parte del conjunto musical "Los Dinos", integrado por su papá, un hermano y una hermana. Cuando Selena cumplió 15 años la banda musical tomó el nombre de "Selena y los Dinos". Cuatro años después, la fama de Selena había cruzado la frontera. Por primera vez una cantante tejana penetraba exitosamente el mercado musical mexicano e hispanoamericano.

A los 20 años contrajo matrimonio con Chris Pérez, un joven músico que se había incorporado a la banda musical. Juntos establecieron su hogar al lado de los padres de Selena, en el mismo barrio de clase trabajadora que la vio crecer y hacerse famosa.

Selena fue una cantante versátil que podía interpretar rap, salsa, cumbia o música de mariachi. Sin tener educación musical, su voz de soprano era capaz de proyectar una dulce calidez y una fresca energía en sus interpretaciones del sonido tejano. Este sonido, del cual ella era tal vez la más reconocida exponente, no tiene una real definición, pero se considera una combinación de la música tradicional mexicana con la polka alemana y un espectro en el que se encuentra música tan variada como country, balada, pop, cumbia, rock, reggae, jazz y blues.

La reina de la música tejana obtuvo un sinnúmero de reconocimientos en su carrera artística, en la que alcanzó a vender más de 4 millones de discos. En los Certámenes de la Música Tejana obtuvo, por ocho años consecutivos, el premio a la mejor artista animadora del año. En 1994 obtuvo un Grammy por el "Mejor álbum mexicoamericano de 1993" con su disco Selena en Vivo. En la ceremonia de entrega de premios "Lo Nuestro" (el equivalente latino a los "Grammys" promocionados por la revista "Billboard") de 1993, Selena obtuvo los premios a la mejor cantante, la mejor canción y el mejor álbum del año en la categoría de música mexicana regional.

También en su corta vida, Selena dejó un legado de servicio social por el que la Legislatura del estado de Texas, un día después de su partida, la honró con un minuto de silencio y un reconocimiento a sus contribuciones. Durante sus giras siempre trató de fomentar en su público joven el respeto por la educación. No desaprovechaba oportunidad para ir a visitar las escuelas de los barrios hispanos para exhortar a los muchachos a que no dejaran la escuela. En varias

Holt Spanish 2 ¡Ven conmigo!

Copyright © by Holt, Rinehart and Winston. All rights reserved.

ocasiones dedicó un porcentaje de las entradas a sus conciertos a becas universitarias.

El hecho, lamentable, de que los chicos no tengan muchas figuras públicas con quienes identificarse y de que la consideraran una de los suyos, hacía que su mensaje fuera escuchado con mayor atención.

Selena misma, debido a sus compromisos artísticos, había adquirido su diploma de preparatoria tomando cursos por correspondencia y con el mismo método. Durante sus últimos dos años estuvo tomando cursos en la Universidad Pacific Western, en las afueras de Los Ángeles, para obtener su título de licenciada en administración de empresas.

Nadie ponía en duda el futuro prometedor de Selena. Una legión de admiradores que veían en ella su propia imagen triunfando y saliendo adelante. Los jóvenes se identificaban con su éxito. Y hasta en México, donde los cantantes tex-mex suelen ser subestimados por considerárseles una mala versión de la música norteña mexicana, Selena conquistó al público y obtuvo un contrato para actuar en la popular telenovela *Dos mujeres y un camino*.

En marzo de 1995, al momento de su desaparición, llevaba grabadas 4 canciones de su primer disco en inglés que la lanzaría a penetrar el mercado anglosajón. Todos aseguran que, con sus antecedentes, era un hecho que Selena estaba

lista para quebrar el techo de cristal invisible que la lanzaría al estrellato internacional al lado de hispanos de la altura de Gloria Estefan y Julio Iglesias.

Selena, a sus 23 años, ya figuraba en la lista en que la revista *Hispanic Business* incluye a los líderes de la industria hispana del entretenimiento con fortunas mayores a los 5 millones de dólares. Desde 1992 había lanzado al mercado su propia línea de ropa y dos años más tarde abrió su primera boutique en Corpus Christi, a la que le siguió otra en San Antonio.

La temprana partida de Selena constituye una tragedia para la comunidad hispana de los Estados Unidos. Su público la quería no sólo por su música sino por los valores que ella representaba. El éxito nunca corrompió se genuina sencillez de muchacha del barrio: su carácter transparente y su risa franca eran palpables en sus presentaciones y entrevistas.

Sus restos yacen a la sombra de un árbol de mezquite en un cementerio de su ciudad, Corpus Christi. Mas si su muerte, el 31 de marzo de 1995, fue una pérdida irreparable para la comunidad hispana, su legado moral queda: su vida ejemplar de buena hija dedicada a su familia y a su esposo. El recuerdo y la música de Selena permanecerá entre nosotros como una inspiración para superarnos y alcanzar nuestras metas.

CAPÍTULO 6

3 A los detalles

Escriba en la línea en blanco una **F** si lo que se señala en la oración sobre Selena es falso y una **V** si es verdadero.

_____ 1. Era soltera.

_____ 2. Triunfó en el mercado musical mexicano.

_____ 3. Cantaba exclusivamente baladas.

_____ 4. La Legislatura de Texas reconoció sus aportaciones.

_____ 5. El disco que grabó en inglés trajo consigo el éxito en el mercado anglo.

4 Vamos a comprenderlo bien

1. ¿Qué es lo que se considera más digno de admiración en la corta vida de Selena?
2. ¿A qué se debe que la comunidad hispana haya reaccionado con tanta emoción ante la muerte de Selena?
3. ¿Por qué cree usted que Selena colaboraba en campañas para que los muchachos no dejen la escuela?
4. ¿Cree usted que la huella de Selena va a ser seguida por otras jóvenes hispanas? ¿Por qué?
5. ¿Por qué es tan importante para los artistas hispanos el "crossover", es decir llegar a tener éxito tanto en el mercado hispano como en el anglo?

Copyright © by Holt, Rinehart and Winston. All rights reserved.

CAPÍTULO 6

5 Barrio ortográfico: verbos transitivos e intransitivos

Los verbos que expresan una acción que se dirige hacia un objeto en el cual la acción se cumple son conocidos como **verbos transitivos**. Por ejemplo: Luis, finalmente, pagó su carro. Raúl lee el periódico.

Cuando el verbo no transmite su acción a un objeto, cuando la acción no se proyecta, entonces se trata de un **verbo intransitivo**. Por ejemplo: No terminaremos nunca. Mi hermano aprende despacio.

Escribiendo una **T** -transitivo- o una **I** -intransitivo- en la línea de la izquierda, identifique qué clase de verbo tienen las siguientes oraciones.

_____ 1. Linda preparó un pastel delicioso.

_____ 2. Teresita corrió a la tienda a toda velocidad.

_____ 3. Los organizadores hablaron por largo rato.

_____ 4. José terminó su tarea a tiempo.

_____ 5. Los niños del coro callaron repentinamente.

_____ 6. Luis vivió enfermo.

_____ 7. Mamá prefirió el boleto de avión de regalo.

_____ 8. Mi hermana pintó el garaje para mi sorpresa.

_____ 9. Los conferencistas confirmaron su asistencia.

_____ 10. Las flores crecieron hermosas.

6 Esquina gramatical: los afijos

Aparte de la **raíz**, que es la parte fundamental de la palabra, existen los **afijos**, que son los elementos intercambiables que van antes o después de la raíz. Cuando preceden a la raíz, estas partículas se llaman **prefijos**; por ejemplo: <u>re</u>hacer. Las partículas que van después de la raíz se llaman **sufijos**; por ejemplo: cocin<u>ero</u>.

Encuentre el prefijo de las siguientes palabras y escríbalo en la línea a la izquierda.

1. _____ descomponer

2. _____ imposible

3. _____ ilegal

4. _____ subcomandante

5. _____ extraordinario

Escriba en la línea a la izquierda el sufijo de cada palabra.

6. _____ cobrizo

7. _____ riachuelo

8. _____ arbolado

9. _____ personaje

10. _____ mudanza

▪ VAMOS A ESCRIBIR

7 ¿Cómo escribir y respaldar una opinión? Un texto persuasivo hace que sus lectores crean en algo o actúen de cierto modo. Para ello es necesario que Ud. exprese claramente su opinión y la respalde con argumentos. En una página, escriba su opinión acerca del tema que Ud. elija y respáldela con argumentos.

Copyright © by Holt, Rinehart and Winston. All rights reserved.

Antes de escribir

- Escoja un tema que le interese y que sea importante para Ud.

- Pregúntese cuál es su opinión al respecto.

- Recuerde que una opinión no es lo mismo que un hecho. Ud. puede verificar la certeza de un hecho. Por ejemplo, es un hecho que la temperatura hoy es de 28 centígrados; pero es una opinión decir que hace demasiado calor.

- Escriba su opinión acerca del tema. Por ejemplo: "Las películas de horror son una pérdida de dinero".

- Charle con amigos acerca del tema que escogió y dígales cuál es su opinión. Tome nota de los comentarios de sus amigos.

- Busque hechos o razonamientos que respalden su opinión. Lea su opinión escrita e intente responder a la siguiente pregunta: "¿por qué?" Recuerde que sus lectores van a preguntarse lo mismo.

Escriba su primera versión

- Los elementos básicos de un texto de opinión son: formular claramente una opinión y utilizar razones, evidencias o argumentos emocionales que respalden esa opinión.

- Comience con un hecho inusual que atrape la atención del lector. Por ejemplo: "Texas tiene el derecho de dividirse en cinco estados". O puede Ud. comenzar con una anécdota.

- Recuerde que tiene Ud. que respaldar cada razonamiento que haga.

- Organice las razones que apoyan su opinión por orden de importancia.

- Al final de su texto, vuelva a expresar su opinión de manera clara y haga una síntesis de los argumentos que la apoyan.

CAPÍTULO 6

■ VAMOS A CONOCERNOS

8 A escuchar

Escuche una canción de Selena o de algún otro exponente de la música texana y luego comente con sus compañeros el contenido de las canciones. Por ejemplo, pregúntese si la letra de la canción de Selena *Amor prohibido* influyó en su éxito comercial. Luego, júntese con un/a compañero/a de clase. Asuman el papel del entrevistador de un canal de televisión de música tejana y de un artista popular, y realicen una entrevista que resulte interesante para el público.

9 A pensar

¿Se ha fijado Ud. en el fenómeno de penetración internacional que representó el caso de Selena? ¿Considera usted que Selena inició un movimiento que motiva a los cantantes estadounidenses de origen hispano a conquistar el mercado latinoamericano? El hecho de que Selena iniciara su carrera cantando en español y que sus canciones hayan encontrado una audiencia millonaria, ¿forma parte de una tendencia para reevaluar la lengua española en los Estados Unidos?

En una página, escriba usted si está usted de acuerdo o no con la tendencia que inició Selena de que los cantantes estadounidenses de origen hispano, canten en español y se afirmen en el mercado latinoamericano antes de conquistar el mercado anglosajón.

Copyright © by Holt, Rinehart and Winston. All rights reserved.

10 Así lo decimos nosotros

Las palabras con letras intercambiadas son términos en los que una o varias letras han alterado su ubicación en el vocablo original. Estas modificaciones de letras en las palabras crean una situación irregular desde el punto de vista lexicológico y fonético.

En el siguiente ejercicio escoja la palabra de uso internacional que complete la oración y escríbala en el espacio en blanco.

1. Laurita no quiso ser mi novia porque dice que soy muy _____ (pobre, probe).

2. La vecina le habló a la _____ (polecía, policía) cuando lo vio pintando con aerosol en la barda de enfrente.

3. No sé qué me dio en el examen de manejo que me fui por la _____ (vedera, vereda) equivocada.

4. Mi tío _____ (Grabiel, Gabriel) avisó que viene a visitarnos y mi papá anda muy nervioso por eso.

5. Mi prima, que vive en México, dice que se enamoró de los Estados Unidos cuando vio los _____ (catálogos, catágalos) de los grandes almacenes.

6. Mamá fue al super y al regresar a casa se puso a hablar por teléfono. Cuando bajó el mandado del carro, la nieve estaba completamente _____ (derretida, redetida).

7. Me empezó a doler el _____ (estómago, estógamo) y ya no pude salir.

8. Como los caminos no están pavimentados, se hacen unas _____ (polvaderas, polvaredas) tremendas.

9. En ese supermercado los muchachos no saben acomodar las cosas. Mira cómo pusieron los tomates al fondo de la bolsa. Llegaron todos _____ (magullados, mallugados).

10. Yo no le he hecho nada a Teresa, no sé por qué _____ (redepente, de repente) me dejó de hablar.

■ VAMOS A CONVERSAR

11 Forme con un grupo de estudiantes un panel de debate. Decidan juntos qué tipo de ciudad sería ideal para vivir y proporcionen argumentos que respalden sus opiniones. Piensen en todos los aspectos que ayuden a incrementar la calidad de vida de los habitantes de esa ciudad: parques, escuelas, centros culturales, transporte, seguridad. Luego, comparen esa ciudad ideal con las ciudades que Uds. conozcan.

Copyright © by Holt, Rinehart and Winston. All rights reserved.

¿Conoces bien tu pasado?

■ VAMOS A LEER

1 Antes de empezar

- El relato que va usted a leer es una historia de la vida real. Trata de la aventura de Orestes Lorenzo, un intrépido piloto militar cubano que desertó de Cuba en marzo de 1991. Casi dos años después, Orestes burló todos los sistemas de seguridad de la inteligencia cubana y regresó a la isla a rescatar a su esposa y sus dos hijos.

- Este relato, a pesar de ser verídico, reúne las características de un relato tradicional. Una vez que lo haya leído repase mentalmente dónde ubicaría la introducción, el nudo—o momento crítico—y el desenlace, o resolución de la historia.

2 El poder del amor

El sueño de mi vida siempre fue ser piloto. Vicky y yo habíamos estado casados por un año cuando fui enviado a la Unión Soviética para recibir entrenamiento militar. Esa fue nuestra primera separación desde que éramos adolescentes. Fue horrible, estuvimos separados por dos años. Durante ese tiempo nos escribimos cada día. Cada semana, yo le enviaba una postal. Eran muy lindas, con flores, y yo le escribía un poema de amor en cada una. Le llamaba por teléfono una vez al mes. Necesitaba escuchar su voz. De esta manera sentía que en realidad nunca estábamos separados. Hablábamos de todas las cosas que hicimos y hablamos en Cuba, de todos los momentos que compartimos, de todo lo que pasó desde el primer momento en que nos conocimos.

La primera vez que vi a mi esposa fue en un mitin en la Habana en 1974. Yo supe que era la mujer de mi vida desde el primer momento que la vi. Ella tenía 16 años, yo 17. Se veía tan bonita esa noche. Empezamos a salir y una noche la llevé al cine Trianon. En esa cita la besé por primera vez. Yo no era muy buen besador por esos días, pero de todas maneras, mientras veíamos la película la besé. La película era *Terror ciego –Wait until dark–*. Era de mucho suspenso. Se trataba de una mujer ciega que tiene que lidiar con un asesino que se mete en su casa. Ella puede arreglárselas, pero está muy atemorizada. Finalmente, el esposo la rescata.

Vicky y yo nos casamos el 16 de julio 1976, en el Palacio de los Matrimonios de Prado. Asistieron muchos amigos y vecinos, todos querían que nos casáramos, todos nos querían mucho. Durante los siguientes diez años, la pasé en viajes a la Unión

Soviética y a Angola. Reynel nació en la Habana en 1981, y Alejandro nació cinco años después cuando estábamos viviendo en la base militar de Santa Clara. En 1986, fui enviado de regreso a la Unión Soviética —esta vez por cuatro años— pero eventualmente pude llevar a mi esposa y mis hijos conmigo. Vivíamos entre Moscú y Leningrado. Vicky trabajaba en una planta embotelladora y un día ella tuvo un accidente. Una máquina le abrió la mano y ya en el hospital empezó a tener ataques epilépticos debido a una reacción alérgica a una vacuna que le pusieron. Ya casi se moría. Al lado suyo, en su lecho de enferma, le pregunté: ¿crees en Dios? y me dijo: sí. Y yo le dije: nunca me lo dijiste. Y ella me contestó: nunca me preguntaste. Yo fui criado como ateo pero cuando vi a mi esposa acostada ahí, con todos esos tubos en su cuerpo, yo necesitaba contar con alguien. En casa esa noche, yo le dije a Dios, no creo en ti pero Vicky tiene tanta fe. ¿Por qué no la ayudas para que no muera? Vicky finalmente se alivió.

Mis ideas sobre distintos aspectos de la vida, empezaron a cambiar. Era el tiempo de la Perestroika. Había nueva información por todos lados, libertad de prensa. En Cuba me habían enseñado que los bolcheviques habían ejecutado solamente al Zar (Nicolás II). Me enteré que eso era una mentira. Los comunistas también habían masacrado a sus hijos. Como yo tengo mis hijos, encontré ese acto repugnante.

Cuando regresamos a Cuba, me sentía como un traidor conmigo mismo. Vicky y yo decidimos que teníamos que partir. Habíamos planeado que lo mejor sería que primero saliera yo solo.

Copyright © by Holt, Rinehart and Winston. All rights reserved.

Ingenuamente creímos que Castro no detendría a una mujer y sus hijos como rehenes. Salí de Santa Clara en un MiG 23 y volé directamente a la Estación Naval de Boca Chica en Key West. Volé sobre la base en círculos, me identifiqué y aterricé. Tomó menos tiempo volar de Cuba a Key West que lo que me toma manejar a mi casa: una hora y pico.

Creo que es importante que la gente sepa que hubo una lucha de 21 meses por sacar a mi familia de Cuba. Muchas personas de buen corazón trataron de ayudarnos, entre ellas: Coretta Scott King, el presidente Bush, Mijail Gorbachev, más de 50 senadores y miembros del Congreso, la Fundación Valladares (un grupo de derechos humanos ubicado en Virginia)... todos ellos escribieron a Castro. La lucha me llevó a las Naciones Unidas, y a España donde me puse en huelga de hambre cuando Castro estuvo ahí de visita. Pero las puertas se estaban cerrando. Yo estaba extremadamente desesperado. Si a mi familia no le estaba permitido salir yo iba a ir a sacarlos. Elena Amos de la Fundación Valladares puso el dinero para comprar una avioneta Cessna 310 de seis pasajeros. Le comuniqué el plan de rescate a Vicky en una carta que sería entregada por tres amigas mexicanas. Ahí le dibujé un boceto del avión y le di instrucciones para esperar con los niños al atardecer en la carretera a Varadero.

A las 5:45 de la tarde del día establecido, salí del aeropuerto Marathon de Key West, volando a diez o doce pies sobre el agua para evitar ser detectado por los radares cubanos. Después de 43 minutos, vi el puente de Matanzas. Giré el avión hacia la carretera a Varadero, vi un carro, un camión y un autobús. Me fui sobre una barricada de concreto, afiné la dirección y aterricé sobre la carretera. Vi a Vicky y a los niños corriendo hacia el avión. Me había preparado concienzudamente para este momento, había cuidado cada detalle. Sabía que tenía que estar en control total, así que cuando Vicky y los chicos, emocionados, gritaron: ¡papito, papito! y quisieron abrazarme, tuve que ser duro, les dije no, no, entren, entren, siéntense atrás, no hablen y no me toquen porque sus vidas dependen de mi concentración. Fue realmente increíble que el avión pudiera emprender el vuelo de nuevo en ese espacio tan reducido. Era humanamente imposible. Sentía la mano de Dios guiándonos. Adentro del avión todos estábamos llorando, y yo dije unas palabras que no puedo repetir. Mientras conducía el avión eché uno de mis brazos hacia atrás, hacia ellos y todos tomaron mi mano. Íbamos rezando hasta que aterrizamos en Key West. La felicidad que sentimos hoy ha borrado todo el sabor amargo de esos meses de separación. Nunca pensé que nos volveríamos las figuras públicas que ahora somos. Realmente no estoy muy encantado con toda esta publicidad ya que me quita mucho tiempo que quisiera estar pasando con mi familia. Y yo soñaba con ayudar a mis muchachos a correr en sus bicicletas, a jugar béisbol... yo realmente adoro los deportes... espero que todo esto pase pronto.

Yo tuve éxito en la empresa de unir a mi familia porque Dios me ayudó. Mis motivos eran puros y honestos —eran de amor. Nada derrota el poder del amor. Si tú haces cosas por amor es muy difícil que fracases.

"Power of Love" by Orestes Lorenzo as told to Gigi Anders from *Hispanic*, May 1993. Copyright © 1993 by **Hispanic Publishing Corporation**. Translated into Spanish by Holt, Rinehart and Winston, Inc. Reprinted by permission of the publisher.

3 A los detalles

Una vez concluida la lectura ordene cronológicamente los siguientes eventos escribiendo en la línea de la izquierda el número que corresponda. Observe las tres respuestas bonos que se le dan y continúe con el número 4 hasta terminar con el 10.

_____ A su regreso de la Unión Soviética el autor y su esposa deciden abandonar Cuba.

_____ Dentro del avión todos lloran y rezan durante el vuelo a Key West.

_____ La Fundación Valladares pone el dinero para comprar el Cessna 310.

___3___ Vicky tiene el accidente en la fábrica.

_____ El autor se pone en huelga de hambre en España.

_____ El autor sale de Santa Clara, Cuba, en un MiG 23.

___1___ El autor y Vicky se casan el 16 de Julio de 1976.

_____ El autor le comunica a Vicky los planes para el rescate en una carta.

___2___ El autor es enviado de nuevo a la Unión Soviética, esta vez lleva su familia.

_____ Vuela de diez a doce pies sobre el nivel del mar para no ser detectado.

Copyright © by Holt, Rinehart and Winston. All rights reserved.

4 Vamos a comprenderlo bien

1. ¿Es la historia de Orestes Lorenzo la de un héroe? ¿De qué clase de héroe se trata? ¿Qué acto heroico realizó? ¿A qué peligros se enfrentó? ¿Arriesgó su vida en la empresa?
2. Según el autor, ¿cuáles fueron las causas que determinaron su búsqueda de asilo fuera de su país?

5 Barrio ortográfico: verbos reflexivos y recíprocos

- Hay verbos que en lugar de enviar la acción hacia un objeto la regresan al propio sujeto que origina la acción. En esos casos los verbos se llaman **reflexivos**.

  Verbo transitivo: La mujer lava la ropa.

  Verbo reflexivo: La mujer se lava las manos.

  En las oraciones con verbo reflexivo las palabras: **me, te, se, nos, os** y **se** acompañan al sujeto.

- Muy cercanos a estos verbos están los **recíprocos**. Estos verbos envían la acción a dos o más personas entre sí. Cada una envía y recibe la acción del verbo. A veces están acompañadas de expresiones como: mutuamente, uno a otro, recíprocamente, etc.

  Un ejemplo de oración con verbo recíproco: Martha y yo nos escribimos.

Escribe en la línea de la izquierda la palabra **reflexiva** o **recíproca** de acuerdo a la clase de verbo que se esté usando en la oración.

1. _____ El profesor y yo nos tuteamos.
2. _____ Te levantaste y te fuiste.
3. _____ Juan y Pedro se pelearon a golpes.
4. _____ Los dos se odian mutuamente.
5. _____ Me arrepentí de haberlo abandonado.

6 Esquina gramatical: palabras sinónimas

- Dos palabras son **sinónimas** cuando tienen igual o parecido significado. Por ejemplo: jardín, parque; lindo, bonito; sufrir, padecer; etc.
- Relacione las dos columnas escribiendo en la línea de la izquierda la letra del sinónimo correspondiente en la lista de la derecha.

_____ 1. modernizar   **a.** manera

_____ 2. fama   **b.** revolucionario

_____ 3. terminar   **c.** notoriedad

_____ 4. progresista   **d.** concluir

_____ 5. estilo   **e.** renovar

■ VAMOS A ESCRIBIR

7 ¿Cómo escribir un testimonio? Los testimonios personales son una fuente importante de conocimiento acerca de la historia en general. La lectura de este capítulo es un testimonio personal. En dos páginas escriba un testimonio acerca del triunfo más importante en su vida hasta este momento.

Holt Spanish 2 ¡Ven conmigo!   Cuaderno para hispanohablantes, Teacher's Edition **33**

Copyright © by Holt, Rinehart and Winston. All rights reserved.

Antes de escribir

- Haga Ud. una lista de los triunfos más importantes de su vida. ¿Ganó Ud. alguna competencia? ¿Organizó Ud. algún evento especial?
- ¿Cuál de sus triunfos recuerda Ud. mejor? ¿De cuál recuerda Ud. mejor sus emociones?
- Ud. tiene que lograr que sus lectores compartan su experiencia.
- Decida qué tono quiere Ud. usar en su testimonio: formal o informal, serio o cómico. Recuerde que el estilo debe reflejar su personalidad.

Escriba su primera versión

- Escriba su primera versión de acuerdo con la siguiente estructura: introducción, desarrollo y conclusión.
- En la introducción Ud. quiere captar el interés de su lector.
- En el desarrollo Ud. debe contar los acontecimientos en orden cronológico. Asimismo, debe describir la gente y los lugares, y revelar las emociones y pensamientos del autor.
- En la conclusión el autor explica el significado de su experiencia. Responda a la pregunta: ¿Por qué es importante para Ud. este triunfo? ¿Qué aprendió?

Evaluación y revisión

- ¿El tono que Ud. utiliza para escribir su testimonio refleja su personalidad?
- ¿Utilizó Ud. descripciones detalladas de hechos, lugares y personas?
- ¿Expresó Ud. claramente cuál fue la importancia de esa experiencia? ¿Qué aprendió?

■ VAMOS A CONOCERNOS

8 A escuchar

Escuche el episodio de la sección **De antemano** del capítulo 7: "En aquellos días". Ponga atención al modo en el que tío Martín utiliza el tiempo imperfecto para narrar lo que él y su familia solían hacer. Por ejemplo, "vivíamos en…", "íbamos a la playa…" ¿Ha intentado entrevistar a su abuela/o a una persona de edad avanzada y preguntarle cómo eran las cosas cuando eran niños? Inténtelo y ponga atención al modo en que la gente cuenta lo que solía hacer. Si no conoce a nadie, invente un juego con un/a compañero/a y entrevístense.

9 A pensar

La sustitución de tecnologías ya existentes no siempre sirve para mejorar la calidad de vida de las personas. En varias ciudades del mundo de habla hispana, los tranvías eran el medio de transporte más popular antes de la aparición de los autobuses y los automóviles. El rápido crecimiento de las ciudades a partir del decenio de 1950 hizo que varias ciudades adoptaran estos nuevos medios de transporte, eliminando el tranvía. Hoy en día, varias ciudades quieren volver a usar sistemas tranviarios en sus ciudades, principalmente porque el tranvía, aunque más lento, no contamina el aire.

En una página, escriba Ud. una lista de cinco medios de transporte: investigue su origen, cómo funcionan y cuánto contaminan. Luego, piense cómo podría Ud. sustituir los medios de transporte que más contaminan.

Copyright © by Holt, Rinehart and Winston. All rights reserved.

10 Así lo decimos nosotros

Hay algunas **palabras de significado confuso** debido a que contienen cognados falsos. Esto quiere decir que tanto en inglés como en español existen palabras que tienen un gran parecido pero cuyo significado es totalmente diferente. Por ejemplo, la palabra **sensible** en español tiene su contraparte *sensible* en el inglés pero no significan lo mismo. La traducción de **sensible** del español al inglés es *sensitive*.

Estudie el siguiente vocabulario y conteste el ejercicio subsecuente.

Inglés	Cognado falso	Español internacional
to realize	realizar	darse cuenta
library	librería	biblioteca
embarrassed	embarazado	avergonzado
to support	soportar	apoyar, sostener
parents	parientes	padres
success	suceso	éxito, triunfo
actually	actualmente	en realidad
carpet	carpeta	alfombra
parade	parada	desfile, exhibición
lecture	lectura	conferencia

Complete cada una de las siguientes oraciones con la palabra adecuada. Escoja de las palabras en la lista anterior.

1. Tuve que ir a la _____ a pagar las multas por los libros.

2. Lo que más me gustó del _____ fueron las bandas y sus uniformes.

3. Los maestros tienen que _____ que las tareas son irrealizables.

4. Me sentí muy _____ cuando Linda me vio en el centro comercial con esta amiga, después de que le dije que no iba a salir.

5. Alquilé una aspiradora para quitar las manchas de la _____.

■ VAMOS A CONVERSAR

11 Forme con otros estudiantes un grupo de trabajo. Ud. ha sido comisionado por el alcalde de una ciudad determinada (Uds. escojan cuál) para investigar por qué a la gente le gustaba antes usar la bicicleta. Entreviste a sus compañeros. Pregúnteles cómo solían usar la bicicleta. Ellos, a su vez, deben proporcionarle varias pistas acerca de por qué la gente usaba antes la bicicleta.

Copyright © by Holt, Rinehart and Winston. All rights reserved.

CAPÍTULO

8 Diversiones

■ VAMOS A LEER

1 Antes de empezar

- La palabra **diario** viene del latín *diarius* que significa: de todos los días. En algunos casos los diarios son simples relatos cotidianos que las personas escriben para tener un recuento de las experiencias vividas. En otros casos los diarios, como fuentes informativas, son historias personales de gran relevancia ya que clarifican los sucesos ocurridos en una determinada época histórica. La lectura de este capítulo es una página del extenso diario (1857-1903) que el pensador puertorriqueño Eugenio María de Hostos escribió en su peregrinar por el mundo y al cual denominó la sonda.

- Este fragmento se ubica en Nueva York, en el siglo diecinueve. Trata de una relación de hechos de los que Hostos—notable literato, politólogo y pedagogo—(Mayagüez, Puerto Rico. 11 de enero de 1839-11 de agosto de 1903) expone sus impresiones.

2 Una página del diario de Eugenio María Hostos

Nueva York, 15 de enero de 1875
Así no puedo desmentir el proverbio *-mes jours passent et se ressemblent-* (mis días pasan y son semejantes). Se parecen a tal punto, que hay horas silenciosas de la noche, en que, pensando en ello, caigo en la desesperación y siento la onda eléctrica que recorre la superficie de mi cerebelo y tengo miedo de mí mismo y me acuesto y trato de dominar de todos modos. ¿Puedo hacer algo mejor? Esta grave pregunta que no es la única que hostiga continuamente mi conciencia, se presenta siempre bajo tres aspectos diversos: Primero: ¿Debo continuar a merced de los puertorriqueños y los cubanos, de Cuba y Puerto Rico, cuando no puedo hacer nada por mí mismo y cuando ellos me demuestran que yo no puedo contar con nadie? Elimino esta pregunta para estudiarla por sí sola.

¿No podría yo hacer de modo a poder trabajar con recompensa, sin por eso abandonar mi idea de ir a Cuba? Esta segunda pregunta me la propongo a cada instante porque es la expresión de la inquietud de mi dignidad. Mi vida material no está ciertamente muy por encima de la de los más miserables, pero representa habitación y alimentación comprendidas, catorce "dollars" al mes. No teniendo de dónde sacarlos, tengo que aceptar el crédito espontáneo y casi filial de Molina, que rehúso, a menudo bruscamente, diciéndole que valdría más buscarme algún trabajo, pero estoy obligado a aceptar el crédito que él hace a mi porvenir. ¿No podría yo salir de casa, buscar, importunar, rogar? Habiendo cincuenta mil obreros sin trabajo parece inútil intentar la vía del trabajo muscular. Para presentarse delante de la gente es preciso tener una apariencia mejor que la que me da mi traje. Para convencer a los señores editores cubanos de que será preciso que me paguen los trabajos que me piden, tendré que sobreponerme a la sorda indignación que su conducta hace incesantemente bullir en mi espíritu. Para intentar otra vía, necesitaría amigos. Lo he hecho todo por encontrar trabajo siempre que no me impida mi viaje a Cuba. Todo ha fracasado, acabaré cualquier día por romper para siempre con los infames que han engañado todos mis deseos, todas mis esperanzas, pero, ¿cómo decidirse a dejarse de ideas, de propósitos, de decisiones, del objeto de toda mi vida?

Aceptada la espantosa situación tal como me la han hecho mis correligionarios de la patria y el estado económico actual de este país, ¿no podré yo vivir de tal modo que, al menos, algún

Copyright © by Holt, Rinehart and Winston. All rights reserved.

bien resulte para los otros de mi mal? No hay más que dos personas sobre las cuales mi influencia moral e intelectual se ejerce diariamente. La una Molina, un joven de veintiséis años, mi compatriota, que me interesa por sí mismo y por nuestra patria, inteligencia, una de las inteligencias más claras que he conocido, humilde, a pesar de la arrogancia natural de los que intelectualmente son fuertes, devoto, como ningún otro lo ha sido conmigo, naturaleza dócil que se modifica a las menores admoniciones racionales; el otro, Villarroel, un pobre noble hombre, ansioso de practicar en su vida todo lo que él cree grande en los demás, el corazón más lleno de caridad que he sentido palpitar, dotado de las virtudes del sentimiento hasta el punto de hacerse perdonar sus impertinencias de carácter y sus defectos de educación e inteligencia. ¿Qué hago yo por ellos? Por pequeños que parezcan, les debo servicios que todo el mundo, excepto yo, clasificaría entre los servicios que deben olvidarse. Mientras menos valor aparente tienen, menos olvido yo los servicios. Para recompensarlos, yo podría hacer algo más que dar mi vida como ejemplo a estos dos excelentes jóvenes. Pero no: aún cuando hago todo lo que está en mi poder por sacar de sus aprietos al pobre Villarroel; aún cuando hago todo lo que puedo por fortificar su inteligencia y su carácter, soy demasiado duro o demasiado seco con él; no tengo la virtud de ocultar la irritación frecuente que él me produce con sus inadvertencias. La diferencia de educación moral, de cultura intelectual y de inteligencia que son ciertamente la causa de mi conducta fría o altanera con él, ¿no es una razón más para corregirlo, para dirigirlo, para hacerlo olvidar las superioridades accidentales de la inteligencia ante la igualdad de las buenas intenciones? Pero mi irritabilidad gusta de abrirse paso y como él es el único que tiene el arte de excitarla, se la hago sufrir.

Molina no se escapa siempre, pero como su cultura, y sobre todo su inteligencia lo ponen más en relación conmigo, creo que he acabado por influenciar su carácter con el mío y su vida más ligera con la mía reflexiva. Pero aún tratándolos como a hijos no estoy contento de mi conducta. Yo podría hacer más. Puesto que no tengo nada que hacer, ¿por qué no he de llegar yo a hacer de él, por una disciplina que él acepte, desarrollando sus felices facultades, a metodizar su espíritu, a cultivar científicamente su inteligencia, a sacar el hombre que él no conoce en sí mismo, el ciudadano de que un día la patria me quedará reconocida?

bullir mover, agitar
infame que carece de honra
admonición represión, advertencia
impertinencia insolencia
franquear pagar el sello de una carta

3 A los detalles

Escriba en la línea de la izquierda una **V** por verdadero o una **F** por falso, de acuerdo al contenido de cada oración.

_____ 1. Los días de Hostos están llenos de grandes emociones y siempre son diferentes.

_____ 2. Sólo Molina y Villarroel reciben la influencia moral e intelectual de Hostos.

_____ 3. Hostos considera a Molina un ser inteligente y sensible.

_____ 4. Villarroel, según Hostos, es un espíritu superior por su cultura y educación.

_____ 5. Hostos siente que debería hacer mucho más para recompensar a Molina y a Villarroel por los servicios que le han prestado.

4 Vamos a comprenderlo bien

1. ¿A qué cree usted que se refiere Hostos cuando habla de influenciar a otras personas con su carácter reflexivo?
2. ¿Ha llevado usted un diario en alguna etapa de su vida? ¿Qué es lo que solía (suele) escribir ahí?
3. ¿Ha escuchado hablar de algún diario célebre? Si es así explique de qué trata.

Copyright © by Holt, Rinehart and Winston. All rights reserved.

5 Barrio ortográfico: las letras mayúsculas

Se escriben con mayúscula:

- la primera palabra de un escrito
- la palabra que va después de un punto
- la palabra que sigue a un signo de interrogación o de admiración (si no se interpone una coma)
- todos los nombres propios (de personas, ciudades, países, etc.)
- los títulos de autoridad y los nombres de instituciones
- la primera palabra del título de un libro, obra de teatro, película, canción, etc.

En el siguiente texto, subraye las ocho palabras que deberían estar escritas con mayúscula.

el día en que esa cantante famosa murió, elisa no quería hablar con nadie. cuando salía de su cuarto para tomar algún aperitivo del refrigerador, se le veía como un fantasma: pálida y triste. pero si a ti no te gustaba su música, le decía su mamá, ¿por qué te afecta tanto su fallecimiento? la niña no contestaba. esa cantante le dolía especialmente porque se parecía a ella, porque tenía su pelo y su mirada y sobre todo le pesaba que le hubieran arrancado la vida tan temprano. ¿por qué tan temprano?, se preguntaba. si apenas empezaba a vivir.

6 Esquina gramatical: antónimos

Los antónimos son palabras que encierran un significado opuesto. Por ejemplo:
bueno ≠ malo; abierto ≠ cerrado; entrar ≠ salir; etc.

Relacione las siguientes columnas escribiendo en la línea de la izquierda la letra del antónimo que corresponda.

_____ 1. descorazonar	**a.** poblado
_____ 2. rebelde	**b.** reducir
_____ 3. limitar	**c.** ignorante
_____ 4. desierto	**d.** morir
_____ 5. culto	**e.** sumiso
_____ 6. nacer	**f.** resta
_____ 7. aumentar	**g.** animar
_____ 8. suma	**h.** aclarar
_____ 9. confundir	**i.** novato
_____ 10. experto	**j.** ampliar

▮ VAMOS A ESCRIBIR

7 ¿Cómo escribir un esquema de un cuento breve? Contar una historia no es una tarea simple. El escritor tiene que planear el esquema de su narración antes de escribirla. En una página escriba el esquema de una narración, que incluya los siguientes elementos: punto de vista, personajes, escenario y argumento.

Copyright © by Holt, Rinehart and Winston. All rights reserved.

CAPÍTULO 8

Antes de escribir

- Piense en una idea de algo que le interese narrar. Si no se le ocurre ninguna, piense en cosas que lo rodean, revise un álbum de fotografías o hágase preguntas hipotéticas, como: ¿Qué pasaría si alguien inventara una pintura invisible?

- Si no se le ocurre ninguna idea, júntese con varios amigos y discutan varias posibilidades preguntándose: ¿qué pasaría si...?

- Piense a quién le gustaría contarle esa narración y cómo le gustaría contarla: en un tono serio, cómico o dramático.

- Escriba en una hoja en blanco los cuatro elementos de una narración y deje un espacio en blanco entre cada uno de ellos.

Escriba su primera versión

- Escoja un punto de vista. Es decir, ¿quién va a contar la historia? Si el narrador habla directamente al lector, use Ud. la primera persona del singular: "yo". Si el narrador no cuenta la historia directamente, entonces use la tercera persona del singular: "él" o "ella".

- Para crear a sus personajes, Ud. debe conocerlos bien en su imaginación.

- El escenario es el lugar donde la narración ocurre. Es importante que su escenario cree un ambiente.

- Recuerde que el argumento se compone de tres elementos: un conflicto, una serie de acontecimientos y un desenlace.

- El conflicto es un problema que enfrentan los personajes principales. El conflicto puede ser interno (Roberto nunca quiere escuchar consejos) o externo (la madre de Roberto está atrapada en una casa rodeada de agua después de una inundación).

- El argumento está compuesto de una serie de acontecimientos que ocurren uno después de otro. Recuerde que un acontecimiento debe ser la causa del siguiente.

- El desenlace es la solución del problema o conflicto (la madre de María es rescatada por un helicóptero de la policía).

Evaluación y revisión

- Muestre a alguno de sus compañeros el esquema que realizó y verifique que éste haya cubierto los elementos antes mencionados.

■ VAMOS A CONOCERNOS

8 A escuchar

Escuche el episodio de la sección **De antemano** del capítulo 8: "Pasarlo bien en Ponce". Ponga atención al modo en el que Rogelio explica por qué no pudo llegar a tiempo el sábado. Por ejemplo, "Yo esperaba estar aquí a las diez, pero... tenía que..." Júntese con un compañero y practique cómo explicar por qué no pudo Ud. hacer algo. Imagine, por ejemplo, que Ud. llega tarde a una cita para almorzar. Diga, por ejemplo, "Yo pensaba llegar a las doce, pero tenía que..." Luego, intercambien papeles.

Copyright © by Holt, Rinehart and Winston. All rights reserved.

9 A pensar

¿Sabía Ud. que entre los años veinte y los años cincuenta Cuba era uno de los centros más importantes de producción de radionovelas? A principios de los 1920, los habitantes de La Habana podían escuchar más estaciones de radio que los habitantes de Nueva York. Las radionovelas (radio soap operas) producidas en Cuba se convirtieron pronto en un éxito en toda América Latina. Los radioteatros argentinos y las radionovelas mexicanas también gozaron de popularidad, pero las radionovelas cubanas gozaron de mayores audiencias.

En una página, escriba lo que Ud. sepa acerca de las radionovelas y de las telenovelas (TV soap operas). Diga por qué le gustan o disgustan. Si no sabe Ud. nada, revise la programación de las cadenas de televisión y vea una telenovela. Luego, escriba sus impresiones y reflexione acerca de la popularidad de este tipo de programas.

10 Así lo decimos nosotros

Actualmente en los Estados Unidos se ha puesto gran interés en el estudio de la fonología caribeña. Esto se debe a que el español hablado por los cubanos de Miami y los puertorriqueños de Nueva York difiere sustancialmente del español hablado en los otros países latinoamericanos. Son cuatro las tendencias sobresalientes que han sido estudiadas:

1. La aspiración de la letra **s**. Por ejemplo: niños, niñoh; esto, ehto.
2. La sustracción de la letra **n**. Por ejemplo: pan, pah; comen, comeh.
3. El cambio de la letra **r** por la **l**. Por ejemplo: salir, salil; verdad, veldad.
4. El cambio del sonido **r** fuerte por la **x**, con una pronunciación de cs/sh. Por ejemplo: rosa, xosa; carro, caxo.

Estas tendencias lingüísticas no son observadas por toda la población de estas regiones.

En el siguiente ejercicio escriba en los espacios en blanco a la derecha de cada oración la versión internacional de las palabras indicadas.

1. Mamá prepara una sopa de pe()cado increíble. _____
2. Los chicos debe() hacer la tarea. _____
3. Me choca que Luis llegue tan ta(l)de. _____
4. El pe(x)o de Lolis es muy travieso. _____
5. Yo no acepto la mue(l)te de Elvis. _____

■ VAMOS A CONVERSAR

11 Las leyendas no son cosas del pasado, también existen en las sociedades contemporáneas. ¿Por qué cree Ud. que hay gente que cree que Elvis Presley, por ejemplo, todavía vive, o que hay lagartos en el drenaje en Nueva York? Forme con un grupo de estudiantes un panel de debate. Cuenten leyendas populares de su localidad y pregúntense por qué creen que existen.

Copyright © by Holt, Rinehart and Winston. All rights reserved.

9 ¡Día de mercado!

■ VAMOS A LEER

1 Antes de empezar

- *María* fue probablemente la novela más leída por el público latinoamericano durante el siglo diecinueve. A su vez, es la obra más representativa del romanticismo de su época por la pasión trágica que expresa.

- En esta historia de un amor casto e imposible se retratan los paisajes y costumbres del área geográfica colombiana conocida como el Cauca, donde nació y creció el autor, Jorge Isaacs (1837-1895).

- Realice una lectura global del texto y note en qué persona presenta el autor la historia: primera (yo) o tercera (él/ella). Al leer la selección con más detalle, imagínese por qué el autor escogió esta forma de presentar la historia.

2 María (fragmentos)

LIV

Dos semanas hacía que estaba yo en Londres, y una noche recibí cartas de la familia. Rompí con mano trémula el paquete, cerrado con el sello de mi padre. Había una carta de María. Antes de desdoblarla, busqué en ella aquel perfume demasiado conocido para mí de la mano que la había escrito: aún lo conservaba, en sus pliegues iba un pedacito de cáliz de azucena. Mis ojos nublados quisieron inútilmente leer las primeras líneas. Abrí uno de los balcones de mi cuarto, porque parecía no serme suficiente el aire que había en él. ¡Rosales del huerto de mis amores! ¡Montañas americanas, montañas mías!... ¡noches azules! La inmensa ciudad rumorosa aún y medio embozada por su ropaje de humo, semejaba dormir bajo los densos cortinajes de un cielo plomizo. Una ráfaga de cierzo azotó mi rostro penetrando en la habitación. Aterrado junté las hojas del balcón; y solo con mi dolor, al menos, lloré largo tiempo rodeado de obscuridad.

He aquí algunos fragmentos de la carta de María: "Mientras están de sobremesa en el comedor, después de la cena, me he venido a tu cuarto para escribirte. Aquí es donde puedo llorar sin que nadie venga a consolarme; aquí donde me figuro que puedo verte y hablar contigo. Todo está como lo dejaste porque mamá y yo hemos querido que esté así; las últimas flores que puse en tu mesa han ido cayendo marchitas ya en el fondo del florero; ya no se ve una sola: los asientos en los mismos sitios: los libros como estaban, y abierto sobre la mesa el último en que leíste: tu traje de caza donde lo colgaste al volver de la montaña la última vez: el almanaque mostrando siempre ese 30 de enero ¡ay! ¡tan temido, tan espantoso y ya pasado!"

"Ahora mismo las ramas florecidas de los rosales de tu ventana entran como a buscarte, y tiemblan al abrazarlas yo diciéndoles que volverás."

"¿Dónde estarás? ¿Qué harás en este momento? De nada me sirvió el haberte exigido tantas veces que me mostraras en el mapa cómo ibas a hacer el viaje, porque no puedo figurarme nada. Me da miedo pensar en ese mar que todos admiran, y para mi tormento, te veo siempre en medio de él. Pero después de tu llegada a Londres, vas a contármelo todo: me dirás cómo es el paisaje que rodea la casa en que vives: me describirás minuciosamente tu habitación, sus muebles, sus adornos: me dirás qué haces todos los días, cómo pasas las noches, a qué horas estudias, en cuáles descansas, cómo son tus

Copyright © by Holt, Rinehart and Winston. All rights reserved.

paseos, y en qué ratos piensas más en tu María. Vuélveme a decir qué horas de aquí corresponden a las de allá, pues se me ha olvidado...."

"Anoche no concluí esta carta porque mamá y Emma vinieron a buscarme; ellas creen que me hace daño estar aquí, cuando si me impidieran estar en tu cuarto no sé qué haría. Juan se despertó esta mañana preguntándome si habías vuelto, porque dormida me oye nombrarte. Nuestra mata de azucenas ha dado la primera y dentro de esta carta va un pedacito. ¿No es verdad que estás seguro de que nunca dejará de florecer? Así necesito creer, así creo que la de rosas dará las más lindas del jardín".

LV

Durante un año tuve dos veces cada mes carta de María. Las últimas estaban llenas de una melancolía tan profunda, que, comparadas con ellas, las primeras que recibí parecían escritas en nuestros días de felicidad. En vano había tratado de reanimarla diciéndole que esta tristeza destruiría su salud por más que hasta entonces hubiese sido tan buena como me lo decía; en vano.

"Yo sé que no puede faltar mucho para que yo te vea, me había contestado: desde ese día yo no podré estar triste: estaré siempre a tu lado...No, no; nadie podrá volver a separarnos".

La carta que contenía estas palabras fue la única de ella que recibí en dos meses. En los últimos meses de junio, una tarde se me presentó el señor A***, que acababa de llegar de París, a quien no había visto desde el pasado invierno.

—Le traigo a usted cartas de su casa, me dijo después de haberme abrazado.

—¿De tres correos?

—De uno solo. Debemos hablar algunas palabras antes, me observó, reteniendo el paquete.

Noté en su semblante algo siniestro que me turbó.

—He venido —añadió después de haber paseado silenciosamente algunos instantes por el cuarto— a ayudarle a usted a disponer su regreso a América.

—¡Al Cauca! —exclamé, olvidado por un momento de todo, menos de María y de mi país.

—Sí, —me respondió, pero ya habrá usted adivinado la causa.

—¡Mi madre! —prorrumpí desconcertado.

—Está buena —respondió.

—¿Quién, pues? —grité asiendo el paquete que sus manos retenían.

—Nadie ha muerto.

—¡María! ¡María! —exclamé como si ella pudiera acudir a mis voces, y caí sin fuerzas sobre el asiento.

—Vamos, —dijo procurando hacerse oír el señor A***. —Para eso fue necesaria mi venida. Ella vivirá si usted llega a tiempo...

almanaque calendario
cáliz parte que rodea los pétalos de la flor
caza acción de perseguir y matar animales salvajes
cierzo viento norte
desdoblar poner recta una cosa que está doblada
marchito(a) que ha perdido la lozanía o la juventud
mata planta; arbusto bajo
plomizo de color plomo; gris azulado
sortija anillo
trémulo(a) tembloroso(a)

3 A los detalles

Complete las siguientes oraciones.

1. Cuando Efraín tiene dos semanas en Londres y recibe una carta de María, antes de desdoblarla busca...
2. Dice María en su carta: Mientras la familia está de sobremesa en el comedor, yo me dirigí a tu habitación para...
3. María le pide a Efraín en su carta que al llegar a Londres le cuente...
4. El señor A*** probablemente es ... de la familia de Efraín.
5. El padre de Efraín mandó por él con carácter de urgencia porque...
6. Al final de esta selección, lo más probable es que Efraín vaya a...

4 Vamos a comprenderlo bien

1. ¿Por qué se dice que esta novela es representativa del romanticismo? ¿Cuáles son los elementos típicamente románticos de esta selección?

Copyright © by Holt, Rinehart and Winston. All rights reserved.

2. ¿Cuál es la función que juega la descripción del paisaje en esta novela? ¿Cree usted que esto también forma parte del romanticismo de la novela? ¿Por qué?

3. ¿Considera usted que *María*, una novela que se escribió en 1867, hace casi 130 años, sigue siendo una lectura de interés para los jóvenes actuales? ¿Por qué o por qué no?

5 Barrio ortográfico: la coma

Hay pausas breves que obedecen a una necesidad lógica de la oración. Si estas pausas se presentan en el interior de una oración van marcadas gráficamente por una **coma**. La coma se usa:

a) cuando el narrador se dirige a otra persona: Señores, estén listos.

b) para separar los elementos de una serie: Me gustan las películas de aventuras, de misterio, de ciencia ficción, etc.

c) para separar la frase que explica un nombre: Maximiliano, emperador mexicano, fue una víctima inocente.

d) para separar palabras, frases u oraciones incidentales: Te digo, por si no lo sabes, que ese chico no te conviene.

e) para separar oraciones subordinadas cuando éstas son largas: Linda, la chica de Rosario, de seguro ganará la beca.

Coloque las comas que sean necesarias en las siguientes oraciones.

1. Ángel era abogado maestro escritor y conferencista.
2. A México país de contrastes no sabemos qué futuro le aguarda.
3. Yo pienso como ya te lo había dicho que ese muchacho no merece nuestra confianza.
4. Querida atiende la llamada por favor.
5. No creo que sea conveniente cuando menos en estas circunstancias planear un viaje.
6. Laura trajo el pan los aguacates el tomate el chile la cebolla y se olvidó de la sal.
7. Luis Miguel popular cantante ha tenido gran éxito interpretando boleros.

6 Esquina gramatical: palabras homófonas y homónimas

Se llaman **homófonas** las palabras que suenan igual pero que tienen distinto significado. Por ejemplo: **halla** (encuentra) y **haya** (del verbo **haber**). Si las palabras suenan igual y también se escriben igual, se llaman **homónimas**.

Busque en la lectura el homófono de cada una de estas palabras y escriba la frase en que se encuentran. Luego trabaje con un/a compañero/a para escribir una definición para cada palabra y verificarla en el diccionario.

1. Lo vi hace un **cuarto** de hora.

_____

2. En este pueblucho **sólo** hay dos tiendas.

_____

3. Lo siento, pero Elvira no está en **casa**.

_____

4. Las flores se marchitaban al **abrasarlas** el sol de la tarde.

_____

Copyright © by Holt, Rinehart and Winston. All rights reserved.

5. ¡Este calor me **mata**!

   _____

6. Rogelio quería levantarse, **mas** no podía mover los brazos.

   _____

7. Pero Javier, ¿qué estás **haciendo**?

   _____

■ VAMOS A ESCRIBIR

7 ¿Cómo escribir un relato en tercera persona? El punto de vista de un relato se refiere a quién cuenta la historia. El relato siempre es contado por alguien y ese alguien es el narrador. Si el narrador está fuera del relato, entonces es un relato en tercera persona. Ud. va a reescribir el fragmento de *María* de este capítulo en tercera persona.

Antes de escribir

- Lea los primeros dos párrafos del fragmento de *María* y subraye todas las palabras que indican que Efraín está contando el relato.
- Aunque *María* está escrita en primera persona, hay dos voces que hablan con el "yo". ¿De quién es la otra voz? ¿Qué forma de narración emplea el autor que le permite introducir más de una voz en primera persona?

Escriba su primera versión

- Sustituya todas las palabras que indiquen primera persona por otras que indiquen tercera persona. Por ejemplo, "Dos semanas hacía que **él** (Efraín) estaba en Londres…"
- Cambie la conjugación de los verbos que se refieren a lo que Efraín hizo, pensó o sintió. Por ejemplo: "**Rompió** con mano trémula el paquete…"

Evaluación y revisión

- Lea la versión de *María* que aparece en el capítulo y luego lea la nueva versión narrada en tercera persona. ¿Cambió Ud. todas las palabras necesarias?
- ¿Cuál de las dos versiones le gusta más?
- ¿Por qué cree Ud. que el autor de *María* escogió la primera persona para narrar la novela?

■ VAMOS A CONOCERNOS

8 A escuchar

Escuche el episodio de la sección **De antemano** del capítulo 9: "Un misterio en Cuenca". Ponga atención a las preguntas del episodio en el que Rafael y Adriana compran una chompa. Por ejemplo, "¿En qué les puedo atender?", "¿De qué talla?", "¿Dónde está el probador?" Júntese con un compañero y practiquen cómo comprar una chompa. Uno de Uds. desempeñará el papel del dependiente y otro el del cliente. Luego, intercambien los papeles.

Copyright © by Holt, Rinehart and Winston. All rights reserved.

9 A pensar

La popularidad de novelas como *María* en el siglo diecinueve en América Latina sólo es comparable con la popularidad de las telenovelas contemporáneas. Brasil, Venezuela, México y Argentina se han convertido en los principales productores de telenovelas en la región. Recientemente, la protagonista de la telenovela mexicana *María la del Barrio* fue recibida en las Filipinas por una multitud, ya que la telenovela estaba en primer lugar de audiencia de ese país.

A diferencia de la *soap opera* estadounidense, la telenovela latinoamericana tiene un final bien definido. Las telenovelas de gran popularidad pueden durar más de un año, pero siempre tienen un final determinado. ¿Ha visto Ud. alguna telenovela latinoamericana? Si no es así, sintonice algún canal de televisión de habla hispana en el lugar en el que vive y véala. Escriba en una página sus impresiones.

10 Así lo decimos nosotros

La costumbre de mezclar el español y el inglés al conversar es un fenómeno bastante común entre los hispanohablantes que viven en los Estados Unidos. Tal vez una de las razones de esta costumbre es la necesidad de identidad que experimenta la población hispanohablante frente a la presión social de asimilación a la lengua dominante.

En el siguiente ejercicio escriba en la línea de la izquierda la palabra o palabras del español que ha(n) sido sustituida(s) por palabras en inglés. Al traducir, respete la concordancia de la palabra o palabras en la oración.

1. __sorprendido(a)__ Cuando lo vi entrar, me quedé surprised.
2. _____ Hay muchos cuates que están dropping out porque sin ayuda no tienen forma de terminar sus estudios.
3. _____ Los vecinos metieron un suit a la policía.
4. _____ El friendly atmosphere es lo que me gusta del barrio.
5. _____ Well, come along, muchachos, ya nos vamos.
6. _____ Di ese dinero down para comprar la casa.
7. _____ Tu hermano es bien cute.
8. _____ Mamá is self-employed, vende tamales.
9. _____ El wedding de papá fue un desastre.
10. _____ Lo que pasa en esa pandilla es puro brainwashing.

■ VAMOS A CONVERSAR

11 Júntese con varios compañeros y formen un panel de debate. Discutan acerca de lo que se considera el público tradicional de las *soap operas* y las telenovelas: las mujeres. Dividan Uds. el panel entre quienes piensan que el público de las telenovelas es femenino y los que no piensan eso. Luego argumenten a favor y en contra. Pregúntese siempre por qué.

Copyright © by Holt, Rinehart and Winston. All rights reserved.

10 ¡Cuéntame!

■ VAMOS A LEER

1 Antes de empezar

- Juana de Ibarbourou, también conocida como Juana de América, nació en el Uruguay en 1895. Los poemas que leerá a continuación pertenecen a su primer libro *Las lenguas de diamante*. Esta primera muestra de su talento literario, que publicó en 1919 a la edad de 24 años, constituyó una revelación por su voz propia y su estilo acabado.

- Al leer estas selecciones, observe como la poesía, al transformar la realidad, sirve para rescatar las vivencias cotidianas y presentarlas bajo otra luz. Encuentre en cuál de los tres poemas se refleja el sentimiento de descubrirse enamorada.

2 Las lenguas de diamante (selección)

Amor
Primavera
En gracia de olor.
Primavera
En gracia de amor.

Sueño desvelado,
Rara sensación.
¿Qué abeja se ha entrado
en mi corazón?

Inquieta,
No como ni duermo tranquila.
Ansiedad secreta,
Llama en la pupila.

Yo estoy embrujada
¡Antes no era así!
Yo estoy hechizada
Desde que lo vi.

Lengua que no canta
Es mala señal.
Boca que no canta
Va gritando el mal

Y sigo la vía
Sin saber si es que
Encontré alegría
O si angustia hallé.

Yo estoy embrujada.
¡Antes no era así!
¡Yo estoy hechizada
desde que lo ví!

El dulce milagro
¿Qué es ésto? ¡Prodigio! Mis manos florecen.
Rosas, rosas, rosas, a mis dedos crecen.
Mi amante besóme las manos, y en ellas,
¡Oh gracia! brotaron rosas como estrellas.

Y voy por la senda voceando el encanto,
Y de dicha alterno sonrisa con llanto,
Y bajo el milagro de mi encantamiento
Se aroman de rosas las alas del viento.

Y murmura al verme la gente que pasa:
—¡No véis que está loca? Tornadla a su casa.
¡Dice que en las manos le han nacido rosas
Y las va agitando como mariposas!

¡Ah, pobre la gente que nunca comprende
Un milagro de estos y que sólo entiende
Que no nacen rosas más que en los rosales
Y que no hay más trigo que el de los trigales!

Que requiere líneas y color y forma,
Y que sólo admite realidad por norma.
Que cuando uno dice: —Voy con la dulzura,
De inmediato buscan a la criatura.

Que me digan loca, que en celda me encierren,
Que con siete llaves la puerta me cierren,
Que junto a la puerta pongan un lebrel,
Carcelero rudo, carcelero fiel.

Cantaré lo mismo: —Mis manos florecen.
Rosas, rosas, rosas, a mis dedos crecen.
¡Y toda mi celda tendrá la fragancia,
De un inmenso ramo de rosas de francia!

Copyright © by Holt, Rinehart and Winston. All rights reserved.

Despecho
¡Ah, que estoy cansada! Me he reído tanto,
Tanto, que a mis ojos ha asomado el llanto;
Tanto, que este rictus que contrae mi boca
Es un rastro extraño de mi risa loca.

Tanto, que esta intensa palidez que tengo
(como en los retratos del viejo abolengo),
Es por la fatiga de la loca risa
Que en todos mis nervios su sopor desliza.

¡Ah, que estoy cansada! Déjame que duerma,
Pues, como la angustia, la alegría enferma.
¡Qué rara ocurrencia decir que estoy triste!
¿Cuándo más alegre que ahora me viste?

¡Mentira! No tengo ni dudas, ni celos,
Ni inquietud, ni angustias, ni penas, ni anhelos.
Si brilla en mis ojos la humedad del llanto,
Es por el esfuerzo de reírme tanto...

3 A los detalles

1. Si en las estrofas del poema "Amor" el primer verso rima con el tercero y el segundo con el cuarto (a-b-a-b), ¿cuál es la estructura de rima que presentan los otros dos poemas en sus estrofas?
2. En el poema "Amor", ¿cuál es la razón a la que atribuye Ibarbourou el estar embrujada?
3. ¿Qué animal menciona la poeta en "Amor" y a qué sensación hace referencia en esa estrofa?
4. En "El dulce milagro", ¿qué señala la poeta que la gente murmura cuando la ve pasar?
5. ¿Qué es lo que expresa Ibarbourou en su poema "Despecho" cuando alguien sugiere que está triste?

4 Vamos a comprenderlo bien

1. ¿A qué considera usted que apela el lenguaje poético: a la inteligencia o a los sentimientos de las personas? ¿Por qué?
2. ¿Cuál es el tono que emplea la poeta en "Despecho"? ¿Es un tono irónico, sentimental, pomposo...? ¿Por qué?
3. En cuanto a las alusiones que hace Ibarbourou a la incomprensión de la gente en su poema "El dulce milagro", ¿considera usted que sea posible que el amor enloquezca a tal grado a las personas, que las conduzca a oponerse al mundo? ¿Ha estado usted alguna vez bajo la influencia de un amor tan grande que lo haya hecho sentir maravilloso y desafiante?

5 Barrio ortográfico: el *punto*

El punto indica una pausa mayor que la coma y se usa para separar oraciones, o un conjunto de oraciones que encierran un sentido uniforme. Hay tres formas de usar el punto.

- El **punto final** se coloca al final de toda oración completa:
    La fiesta es a las nueve.

- El **punto y seguido** se utiliza cuando, al estar tratando un tema general, terminamos de hablar sobre uno de sus aspectos pero continuamos hablando del mismo:
    Pero no sé si voy a ir. Tengo muchos quehaceres.

Copyright © by Holt, Rinehart and Winston. All rights reserved.

- El **punto y aparte** se usa al final de un párrafo:
  Además, no me gustan las fiestas.
  Por el otro lado, Chepina es una amiga muy buena y dice que cuenta conmigo.

En el siguiente texto coloque el **punto y seguido** y el **punto y aparte** en donde los crea necesarios.

El paseo al parque de atracciones con sus juegos mecánicos fue una experiencia divertida para los niños Yo, más que nada precavida, no me subí a ninguno de ellos Nunca me ha gustado esta clase de diversión que ataca brutalmente a los sentidos A José, con su espíritu infantil, lo tuvieron dos días con dolor de estómago Para mi buena fortuna, nuestro viaje no se limitó a las visitas a los parques de atracciones También fuimos a muchos museos, restaurantes y jardines zoológicos

6 Esquina gramatical: el pretérito y el imperfecto

Mientras el pretérito es usado para señalar el principio o el fin de una acción en el pasado, por ejemplo: salí temprano de casa; el imperfecto indica una acción que estaba realizándose en un cierto tiempo en el pasado (termina en- aba o- ía):
  Ese verano estudi**aba** en Europa.

El pretérito y el imperfecto pueden figurar juntos en una oración cuando el imperfecto expresa acciones que están teniendo lugar en el pasado mientras el pretérito indica la terminación de otra acción en el mismo contexto:
  Com**ía** cuando mi novio habl**ó** por teléfono.
  Mientras el señor reg**aba** las plantas la niña escap**ó**.

En las siguientes oraciones escriba el pretérito o el imperfecto en los espacios en blanco. (En las primeras cuatro oraciones se ofrece uno de ellos.)

1. **Caminaba** por el parque cuando (ver) _____ a esa chica que me gusta tanto.

2. Siempre **creí** que me (querer) _____ hasta que la vi con el otro.

3. **Llevaba** un vestido rosa el día en que yo la (conocer) _____.

4. **Tenía** un carácter horrible hasta que se (enamorar) _____.

5. (Hacer) _____ mal tiempo cuando Juan se (ir) _____.

6. Ella (aprender) _____ a limpiar la casa mientras su hermana (practicar) _____ sus lecciones de danza.

7. Marcos (decir) _____ que (tener) _____ una buena razón para seguir.

Copyright © by Holt, Rinehart and Winston. All rights reserved.

VAMOS A ESCRIBIR

7 ¿Cómo escribir un poema narrativo? Los poemas también pueden contar una historia y, cuando lo hacen, se llaman poemas narrativos. De hecho, los poemas narrativos eran el modo en el que la gente contaba sus historias antes de la aparición de los libros, ya que las rimas de los poemas los hacían fáciles de memorizar. En una página, escriba Ud. un poema narrativo.

Antes de escribir

- Lo que Ud. ha aprendido acerca del relato también se puede aplicar a los poemas narrativos.
- Escoja Ud. el tema de su poema narrativo: fantástico o de la vida real.
- También puede Ud. usar una historia del cine o de la televisión que le haya gustado.
- Si no puede encontrar una historia que contar, júntese con un grupo de amigos y discutan ideas. Escoja la que le guste más a Ud.

Escriba su primera versión

- Ud. puede escribir un poema con o sin rima.
- Ud. puede también escoger entre los distintos patrones o estructuras de rima (lea los poemas de este capítulo).
- En cualquier caso, recuerde que lo que Ud. escriba debe ser agradable al oído.
- Recuerde que es más importante mostrar algo que decir algo.
- Use palabras específicas y vivas.
- Divida su poema en versos (líneas) y estrofas (párrafos) en donde parezca natural hacerlo.

Evaluación y revisión

- Lea su poema en voz alta y decida si es agradable al oído.
- Corrija la ortografía y la puntuación de su poema de modo que Ud. ayude al lector a hacer pausas en los lugares adecuados.
- ¿Contó Ud. una historia en el poema?
- ¿Hay acción en su poema?

VAMOS A CONOCERNOS

8 A escuchar

Escuche el episodio de la sección **De antemano** del capítulo 10: "Pacha y sus hijos". Ponga atención al modo en el que se cuenta la historia de Pacha y sus tres hijos. Fíjese en el modo en el que comienza la historia: "Hace muchos años…" Ponga atención también a la manera en que se especifica cuándo ocurre algo en la narración: "Un día…", "Entonces…", "Una tarde…" Júntese con otro/a compañero/a y cuenten cada uno una historia antigua. Sigan el mismo modelo de la narración que escuchó.

Copyright © by Holt, Rinehart and Winston. All rights reserved.

9 A pensar

¿Ud. ha escuchado hablar de la literatura de ciencia ficción en español? Probablemente no. La literatura de ciencia ficción no es muy común en los países de habla hispana. Lo que sí es popular, en cambio, es la literatura fantástica, sobre todo en países cuya literatura ha tenido una gran influencia inglesa, como Argentina y Uruguay. La literatura fantástica combina elementos reales con acontecimientos sobrenaturales muchas veces tomados de las leyendas o los mitos. En un cuento del escritor argentino Jorge Luis Borges, por ejemplo, un hombre sueña a otro hombre que a su vez sueña a otro hombre. El cuento termina cuando el primer hombre se da cuenta que alguien más lo está soñando. Este tema es muy popular en la mitología hindú.

En una hoja, trate de escribir sus impresiones acerca de la ciencia ficción, ya sea en literatura, cine o televisión. ¿Le gusta o no? ¿Por qué? ¿Por qué cree que es necesario imaginar mundos nuevos?

10 Así lo decimos nosotros

El español popular tiene muchísimas variaciones coloquiales en el sudoeste de los Estados Unidos. Estas expresiones informales sirven para expresar funciones de la lengua que están profundamente enraizadas en la cultura popular de las áreas en que se hablan y reflejan el contexto que les dio origen. Algunas veces estas expresiones de experiencias particulares son inaccesibles para hispanohablantes de otras regiones.

En el siguiente ejercicio vamos a usar algunas expresiones populares del repertorio de los modismos del sudoeste. Relacione las dos columnas escribiendo en la línea a la izquierda el número correspondiente a su significado.

_____ 1. Lo malo con Luis es que siempre tiene que meter su cuchara.

_____ 2. Estuve piense y piense hasta que se me prendió el foco.

_____ 3. Carlos trae de una ala a Elisa.

_____ 4. No hay ni que decirlo, metió las patas.

_____ 5. Ese Jorge no niega la cruz de su parroquia.

_____ 6. Pues ya era hora, parece que al fin agarró juicio.

a. le es imposible ocultar sus orígenes
b. la tiene muy enamorada
c. perdió el control de la situación
d. no tiene límites, hace cosas tremendas
e. interrumpir, entrar en donde no lo llaman
f. ya maduró, entró en la edad de la razón
g. se me ocurrió una idea

◼ VAMOS A CONVERSAR

11 Júntese con varios compañeros y formen un panel de debate. Pregúntense si les gusta la ciencia ficción. Luego, traten de explicar por qué la ciencia ficción es importante para la sociedad. Pueden empezar, por ejemplo, con la idea de que Julio Verne escribió acerca del viaje del hombre a la luna y ésto ocurrió muchos años después. Luego, digan sus opiniones acerca de algún programa de televisión de ciencia ficción que les guste. Expliquen por qué les gustan esos programas.

Copyright © by Holt, Rinehart and Winston. All rights reserved.

CAPÍTULO **11**

Nuestro medio ambiente

■ VAMOS A LEER

1 Antes de empezar

- La lectura de este capítulo es una reseña de la película *...y no se lo tragó la tierra* basada en la novela de Tomás Rivera.

- Reflexione sobre el título. ¿Qué significa el título de la película? ¿Quiere decir que todos los trabajadores migratorios que dedican su vida a recoger las cosechas son invisibles para la sociedad? ¿Tiene el título algo que ver con la muerte?

- Observe que al principio de la lectura hay unas citas. Muchas veces esas citas o epígrafes sirven para preparar u orientar al lector sobre el contenido de la lectura.

2 ...y no se lo tragó la tierra

written & directed by **Severo Pérez**
produced by **Paul Espinoza**

> *Una gran parte es impresionista, una reflexión de cómo este chico recuerda su vida. Los fragmentos y pedazos forman parte de una historia más amplia. Espero que la película desafíe al público... es una película llena de esperanza; ya que de otra manera esta gente no podría sobrevivir.*
>
> —SEVERO PÉREZ.

El año es 1952. Marcos es un muchacho de doce años tranquilo pero curioso, alerta e inteligente. Su familia de trabajadores agrícolas inmigrantes trabaja todos los veranos y principios de los otoños, de cosecha en cosecha, a través de la región del Midwest; los inviernos y las primaveras los pasan en Crystal City, Texas. Marcos sabe mucho acerca de esta vida en la que vino a nacer: cada parada en su larga jornada circular traerá nuevas y continuas penurias, luchas, abusos y explotación. Él sabe que en cada parada presenciará nuevos agravios y viejas cicatrices en los cuerpos y los corazones de sus seres amados.

Un testigo sensible, sin embargo, Marcos ve otras cosas más, ve algo más allá de su propio sufrimiento y de las penas de su familia y su comunidad. Marcos percibe un profundo vínculo familiar, una íntima e incorruptible integridad y una profunda fortaleza espiritual. Marcos está determinado a que esa fuerza interior prevalezca a pesar de todas las condiciones adversas. Él está decidido a que la tierra no se lo trague.

El joven Marcos es el protagonista de la notable novela de Tomás Rivera: *...y no se lo tragó la tierra*, una de las más importantes obras literarias que tratan sobre la experiencia chicana en los Estados Unidos.

El productor Paul Espinoza y el escritor-director Severo Pérez han capturado exitosamente la vigorosa novela de Rivera en su nueva película de largometraje de la American Playhouse: *...and the earth did not swallow him*.

Esta película fue recientemente galardoneada con el premio **"Best of the Fest"** en el Festival Internacional de Cine de Santa Bárbara. La película se estrenó oficialmente el pasado mayo al abrir la Conferencia de la Academia Nacional Hispana de las Artes y las Ciencias de los Medios de Comunicación en el Centro de Bellas Artes Kennedy en Washington D.C.

La película es un intenso e inquietante retrato del mundo comprometido de los trabajadores migratorios en los cincuenta.

Copyright © by Holt, Rinehart and Winston. All rights reserved.

Este mundo es el que Tomás Rivera conoció íntimamente. Nacido en Crystal City, Texas, en 1935, Rivera —como su personaje Marcos— empezó su vida como un trabajador migratorio, siguiendo las pizcas de cosecha en cosecha y trabajando en los campos desde niño. Como Marcos, estaba determinado a no ser vencido por la adversidad y como su comunidad chicana a no permanecer sumergido en una privación social y económica permanente.

A pesar de muchos obstáculos, se graduó de la preparatoria, recibió su grado de licenciatura y obtuvo un doctorado en la Universidad de Oklahoma; entonces prestó sus servicios como profesor y administrador en la Universidad de Texas en El Paso y en la Universidad de Texas en San Antonio. En 1979 aceptó una posición como canciller de la Universidad de California en Riverside, convirtiéndose en el chicano de más alto rango en el campo de la educación superior de la nación. Trágicamente, este trascendente escritor, educador y líder cívico murió de un ataque al corazón en 1984, a la edad de 49 años.

... y *no se lo tragó la tierra* permanece en uso constante en los cursos de literatura de preparatoria y de universidad y actualmente va por su novena reimpresión y su tercera traducción al inglés. La más reciente colección de cuentos de Rivera: "La cosecha", ha sido publicada por Arte Público Press, y a través de su carrera, su poesía y sus historias cortas han aparecido en numerosos periódicos y revistas.

La película de Espinoza y Pérez será, ciertamente, otro importante recurso educativo. El financiamiento de la película se basó en donaciones por parte del NEH, del Texas Committee for the Humanities y el California Council for the Humanities.

Aunque las experiencias relatadas son las de un joven muchacho, la historia de Marcos es representativa de todos aquellos que luchan por superar la adversidad personal, social y económica.

"Tomás Rivera...and the earth did not swallow him" from *Texas Journal of Ideas, History and Culture*, vol. 17, no. 1, Fall/Winter 1994. Copyright © 1994 by **Texas Committee for the Humanities.** Translated into Spanish by Holt, Rinehart and Winston, Inc. Reprinted by permission of the publisher.

3 A los detalles

1. ¿Quién es el personaje central de ... *y no se lo tragó la tierra,* qué edad tiene y a qué se dedica?
2. ¿En qué época y en qué lugares se desarrolla la acción narrativa de esta novela y cuál es la idea central?
3. ¿Por qué se dice que el personaje central veía más allá de lo que le rodeaba?
4. ¿Cómo está considerada esta novela en los círculos literarios de los Estados Unidos?

4 Vamos a comprenderlo bien

1. ¿Es ...*y no se lo tragó la tierra* una obra autobiográfica? ¿Por qué?
2. ¿Qué cosas en común comparte Rivera con Marcos, el personaje de su novela?
3. ¿Considera usted la vida de Tomás Rivera como un ejemplo para la comunidad hispana? ¿Por qué?
4. ¿Por qué se señala en el artículo que la película será un importante recurso educativo?

5 Barrio ortográfico: el uso de los dos puntos

Los dos puntos se usan...

• después del saludo en cartas y documentos:
   Querida Rocío: Estimado Dr. Solis:

• para introducir una cita textual:
   Benito Juárez proclamó: "El respeto al derecho ajeno es la paz".

• antes de una serie o enumeración:
   Gabriel García Márquez es autor de muchos éxitos literarios: *Cien años de soledad, El general en su laberinto, El amor en los tiempos del cólera*, etc.

Copyright © by Holt, Rinehart and Winston. All rights reserved.

CAPÍTULO 11

Escriba los dos puntos en las siguientes oraciones.

1. Cuando llegué a la fiesta ya estaban ahí todos Alicia, Mario, René, Anita, Luis y la pesada de Julia.
2. Querido hermano contestando a tu tarjeta te envío ésta.
3. El presidente Lincoln declaró "el gobierno del pueblo, por el pueblo y para el pueblo, no desaparecerá de la tierra".
4. Sólo hay tres sospechosos el mayordomo, la secretaria y el esposo.
5. Estimados señores Les escribimos para solicitarles su ayuda con nuestro programa.

6 Esquina gramatical: el modo subjuntivo

Con este modo verbal la acción no se enuncia como real y objetiva sino como algo pendiente de realizarse, algo que expresa el criterio subjetivo de la persona que habla. Hay una serie de expresiones en la oración principal que denotan la presencia del subjuntivo en la oración subordinada, entre ellas expresiones de:

deseo o necesidad (verbos comunes: querer, desear, preferir, insistir, necesitar)
    Necesito que **vengas** temprano.

petición, (verbos comunes: pedir, decir, mandar, ordenar, prohibir, permitir, exigir, recomendar)
    Te prohibo que **vuelvas**.

esperanza (palabra común: ojalá, palabra del árabe que significa "quiera Dios")
    Ojalá que no **sea** demasiado difícil el examen.

Las formas regulares e irregulares del subjuntivo se resumen en las páginas 355-361 de su libro de texto.

En el siguiente ejercicio, escriba en los espacios en blanco el verbo subjuntivo que corresponda a cada caso.

1. Sus padres prefieren que ustedes (quedarse) _____ en casa esta noche.
2. Esperamos que los muchachos (traer) _____ los sándwiches que prometieron.
3. ¿Por qué no le pides que (dejar) _____ de llamarte?
4. Tengo miedo de que el auto no (funcionar) _____ mañana.
5. No quiero que (sentirte) _____ solo.
6. Entonces, doctora, ¿qué recomienda usted que yo (hacer) _____?
7. Iselda, insistimos en que tú nos (escribir) _____ una carta por semana por lo menos.
8. Ojalá que nosotros no (llegar) _____ muy tarde.

■ VAMOS A ESCRIBIR

7 ¿Cómo escribir una reseña crítica de cine? Las críticas que se publican en periódicos o revistas generalmente tienen un propósito principal: juzgar si vale la pena ver una película. Para

Copyright © by Holt, Rinehart and Winston. All rights reserved.

hacer esto, es necesario describir los elementos principales de la película, interpretar su significado, evaluar su eficacia y apoyar las conclusiones a las que uno llega.

Escriba Ud. en una página una crítica de una película.

Antes de escribir

- Escoja Ud. una película conocida para criticar.

- Piense con cuidado en el criterio con el que va a juzgar la película. Por ejemplo, una película de aventuras debe emocionar y sorprender al público.

- Describa los elementos más importantes de la película: personajes, argumento, actuación, fotografía, sonido.

- Tome notas de las reacciones que Ud. tenga ante la película y apunte los detalles importantes.

Escriba su primera versión

- Ud. debe incluir en su reseña información básica acerca de la película: título, director y escritor, actores y argumento.

- Incluya detalles que ayuden a su lector a entender o visualizar lo que Ud. quiere decir.

- Ud. debe formular claramente su opinión acerca de la película. ¿Vale la pena que la gente vea esa película? ¿Por qué?

Evaluación y revisión

- ¿Hay suficiente información acerca del argumento para aquellos que no han visto la película?

- ¿Las opiniones de Ud. son lo suficientemente claras?

- ¿El lector puede entender claramente su punto de vista en su crítica?

■ VAMOS A CONOCERNOS

8 A escuchar

Escuche el episodio de la sección **De antemano** del capítulo 11: "Para el Club de Ecología". Ponga atención a las preguntas y las respuestas del episodio en el que Takashi les pregunta a Gabriela y María su opinión sobre el medio ambiente. Júntese con dos compañeros y pregúnteles cuál es el problema más grave del medio ambiente y qué se debe hacer para solucionarlo. Luego, cambien de rol.

9 A pensar

¿Cuántas directoras de cine puede Ud. mencionar? El mundo del cine, especialmente la dirección de películas, ha sido una actividad tradicionalmente masculina. Recientemente, sin embargo, las mujeres están dirigiendo más y más películas en todo el mundo, inclusive en América Latina. Antes de los 1960, había pocas directoras de cine, como la mexicana Matilde Landeta. Hoy en día podemos incluir en la lista a: la cubana Sara Gómez, la argentina María Luisa Bemberg, la mexicana Marcela Fernández Violante, las brasileñas Tizuka Yamasaki, Suzana Amaral, la venezolana Solveig Hoogesteijn, las españolas Isabel Coixet, Chus Gutiérrez, Rosa Verges, Gracia Quejereta y Azucena Rodríguez.

Copyright © by Holt, Rinehart and Winston. All rights reserved.

Revise las listas de películas en un periódico o revista de su comunidad. ¿Cuántas pelícu-las están dirigidas por mujeres? Luego, reflexione acerca de esto y pregúntese por qué. Comparta sus impresiones con un/a compañero/a.

10 Así lo decimos nosotros

El habla de los jóvenes siempre se ha caracterizado por su contenido enigmático y pintoresco. En México a la jerga se le llama caló, en Argentina lunfardo, pero todos estos códigos cerrados tienen la particularidad de que sólo pueden ser hablados en círculos especiales. En medios como la escuela o en situaciones formales no son aceptables.

Cambie las siguientes expresiones de uso juvenil a un español de uso social más amplio.

1. ¡Qué onda, ésos! ¿Para dónde la tiran?

   _____

2. ¡Pícale, ponte al alba, bórrale de aquí!

   _____

3. No te ahuites, a ese bato lo voy a mandar entabicar.

   _____

4. Salí tablas con el ruco.

   _____

5. Esa chava me trae bien encanicado, la voy a llevar al mono.

   _____

6. ¡Chale! ¿A poco tengo que talonear hasta el cantón?

   _____

7. Ándale carnal, vamos a entacucharnos para ir al borlote.

   _____

8. Ya estuvo con esta movida, yo me pinto, mañana camello.

   _____

9. Con que ya sábanas, ese vaquetón ya me tiene hasta el gorro.

   _____

■ VAMOS A CONVERSAR

11
Júntese con varios compañeros y formen un panel de debate. Expongan sus opiniones acerca de la ausencia de participación de las mujeres en la dirección de películas cine-matográficas. ¿Por qué hay más hombres que mujeres como directores de cine? ¿Creen que debe haber más mujeres directoras? ¿Por qué?

Copyright © by Holt, Rinehart and Winston. All rights reserved.

Veranos pasados, veranos por venir

■ VAMOS A LEER

1 Antes de empezar

- Este artículo es la historia del maestro de matemáticas Jaime Escalante, que en una apartada comunidad hispana en donde todo el mundo veía rocas, vio piedras preciosas y se dedicó a pulirlas y a sacarles brillo.

- Hojee rápidamente el texto y observe su estructura. ¿Diría que el texto es objetivo? ¿Por qué?

2 El hombre de los números

Ayudando a los muchachos a aprender que x = excelencia.

En 1975, pandillas, graffitti y maestros agotados asolaban la escuela preparatoria Garfield en East Los Ángeles a tal grado que la escuela estaba en peligro de perder su acreditación oficial. Ese mismo año, Jaime Escalante empezó a enseñar matemáticas ahí. Ése fue el principio de un cambio dramático.

Bajo de estatura, semicalvo y pícaro, el maestro de 56 años tiene aspecto de todo menos de un redentor. La escuela preparatoria Garfield, una escuela predominantemente hispana, fue donde obtuvo su primera posición en la enseñanza desde que llegó a los Estados Unidos de Bolivia en 1964. Aunque Escalante enseñó física y matemáticas a nivel de preparatoria y de universidad en su propio país por once años, él no hablaba inglés cuando llegó a los Estados Unidos.

Le costó años—mientras trabajaba de conserje, ayudante de mesero y de técnico en electrónica—aprender inglés y ganar las credenciales que necesitaba para reasumir su profesión de maestro.

Hoy el éxito académico de los estudiantes de Garfield es indiscutible y Escalante, ahora director del departamento de matemáticas, es con frecuencia citado como el factor que determinó el cambio de la escuela. Entre los homenajes a los logros de Escalante está la realización de la película titulada *Cuenta conmigo*, que tiene como actor principal, personificando a Escalante, a Edward James Olmos.

"Mis primeros dos años en Garfield fueron difíciles", admite Escalante. "Mi deber era enseñar matemáticas básicas cinco sesiones consecutivas por día. Para mí fue una desilusión porque se me había dicho cuando fui contratado que iba a enseñar ciencia computacional".

En una escuela plagada con un alto índice de bajas y una escasez de cursos estimulantes, él encontró a sus estudiantes con un potencial incuestionable. A principios de 1979, inició la enseñanza de cursos de cálculo avanzado, con un programa imponente de nivel universitario que usualmente se encuentra sólo en escuelas preparatorias de orientación académica elevada. Él ha estado enseñando cálculo en Garfield desde entonces.

[...]

Escalante dirige su clase como si se tratara de un campo de entrenamiento, con todo y chaquetas de satín para ayudar a construir el espíritu de equipo. "No dejes que los problemas sencillos te intimiden", les dice a sus estudiantes. "En esta clase tú tienes que acaparar y botar la pelota constantemente". "¡A calentar!" grita, incitando a sus estudiantes a estirarse en sus escritorios, a agitar sus brazos y hacer todo para "bombear sangre al cerebro".

"Yo no soy más que el entrenador", explica, con el estilo directo, sin vanidad, que lo caracteriza. "Sólo soy tan bueno como mi equipo".

Carteles con mensajes edificantes están pegados en las paredes de su salón de clase:

Si yo pudiera hacer matemáticas:

Copyright © by Holt, Rinehart and Winston. All rights reserved.

tendría confianza para tomar química, física, electrónica y computación;

me sentiría preparado para entrar en el campo de los bienes raíces, los negocios, la ingeniería;

estaría seguro de aprobar los exámenes de preparación para la universidad.

Bajo el reloj—un magneto con ojos indagadores—está escrito: Determinación + disciplina + trabajo duro = al camino del éxito. Un letrero, todavía más grande, que llena la pared de la parte de atrás dice: El cálculo no necesita ser simplificado. Ya es fácil de por sí.

Se oyen expresiones deportivas a menudo durante la clase. Palabras en clave que sus estudiantes entienden. "¡Máscara!" señala un castigo o sanción, o en efecto: "Te equivocaste. Empieza de nuevo." "¡Banda militar!" significa: "Sigan al líder. Observen lo que estoy haciendo". Usando otra analogía con el baloncesto, el maestro describe una parábola perfecta como una canasta de tres puntos.

En 1979, cinco estudiantes de Garfield tomaron el examen de cálculo de colocación avanzada del Consejo de la Universidad, una difícil prueba de tres horas a la que se somete menos del dos por ciento de los estudiantes de preparatoria alrededor del país. Cuatro de ellos lo aprobaron. Desde ese año en adelante, el número de estudiantes de Garfield que toma el examen de cálculo avanzado ha aumentado dramáticamente. En 1982, 14 de 18 estudiantes aprobaron el examen.

Sin embargo, el éxito fue manchado con sospechas. El Servicio de Examinación Pedagógica—cuyas oficinas radican en Princeton—administró el examen en 1982. Ellos observaron que algunos de los estudiantes que tomaron el examen dieron respuestas similares. Para el Servicio de Examinación, esas coincidencias en las respuestas dieron lugar a pensar que algunos copiaron el trabajo de otros y el Servicio exigió que los estudiantes tomaran de nuevo el examen.

Los estudiantes lo hicieron y aprobaron otra vez. Éste es el incidente central en que se basa la película. El "entrenador" Escalante obliga a sus estudiantes a trabajar duro en preparación para "el gran juego": el examen de cálculo avanzado. "Yo no busco muchachos superdotados", dice en un inglés preciso y acentuado. "Mi puerta está abierta para cualquiera con el deseo de aprender". Para estudiantes con hogares apretados y ruidosos o con padres sin interés en la educación—problemas comunes que Escalante encuentra en sus estudiantes—su salón de clase les parece el cielo. Cuando el día del examen se aproxima, Escalante y los miembros de su equipo a menudo están ahí a las 7 de la mañana para lo que puede llegar a ser un día de trabajo de 12 horas.

En 1986, 80 de los 93 estudiantes que tomaron el examen de cálculo avanzado lo aprobaron. Ninguna otra escuela en California ha obtenido calificaciones tan altas. El Consejo Universitario que regula estos exámenes se impresionó tanto que señaló en su informe de ese año que "el 73 por ciento de los estudiantes que tomaron el examen de cálculo avanzado eran de apellidos hispanos".

"The Numbers Man Helping Kids Learn that X = Excellence" by Robin J. Dunitz from *Vista*, vol. 3, no. 6, February 7, 1988, a supplement from *Los Angeles Herald Examiner*. Copyright © 1988 by Horizon. Translated into Spanish by Holt, Rinehart and Winston, Inc. Reprinted by permission of **Vista Magazine.**

3 A los detalles

1. ¿Cuál era la situación de la escuela Garfield en 1975?
2. ¿Cuántos años tardó Escalante en volver a ejercer su trabajo de maestro de matemáticas y qué tipo de trabajos tuvo que realizar mientras tanto?
3. En 1986, cuando 80 de los 93 estudiantes que presentaron el examen de cálculo avanzado lo aprobaron, ¿qué declaró el Consejo Universitario que regula los exámenes en su informe de ese año?
4. ¿Por qué dudó el Servicio de Examinación Pedagógica de los resultados de los exámenes de cálculo avanzado? ¿Cómo se resolvió esta duda?

4 Vamos a comprenderlo bien

1. ¿Cuál cree usted que haya sido la motivación de Jaime Escalante al impulsar programas de cálculo tan avanzados en Garfield?
2. ¿Considera que son efectivos todos los mensajes que Escalante tiene pegados en las paredes de su salón de clase? ¿Por qué?
3. ¿Le resultó estimulante la lectura? ¿Por qué?

CAPÍTULO 12

Copyright © by Holt, Rinehart and Winston. All rights reserved.

5 Barrio ortográfico: el uso del *tú* y el *vos*

En un buen número de países americanos, el habla popular ha sustituido el uso de la segunda persona del singular <u>tú</u> por la forma especial <u>vos</u>. El uso del "vos" se conoce como el voseo.

Mientras que el territorio ocupado por México, Perú, Venezuela, Bolivia y las Antillas se puede considerar zona de tuteo, Argentina, Uruguay, Paraguay y la mayor parte de Centroamérica pueden ser consideradas zonas representativas del voseo. Otros países como Colombia, Ecuador y Chile tienen en sus regiones una mezcla del tuteo y del voseo. Las formas verbales que corresponden al "vos" se asemejan a las formas para el "vosotros", pero con la pérdida del diptongo en la sílaba tónica, o acentuada. Así sois se vuelve **sos**, tenéis se vuelve **tenés**, y habláis se vuelve **hablás**.

Cambie las siguientes oraciones de vos a tú. Recuerde que los verbos también cambian.

1. Pero si vos vivís diciendo que vas a cambiar.

   _____

2. Vos te gastás el salario en boberías.

   _____

3. ¡Ah, vos también te acordás del pasado!

   _____

4. Vos tenés tiempo de sobra para trabajar.

   _____

5. Vos sos distraído, olvidaste pagar la renta.

   _____

6 Esquina gramatical: el subjuntivo imperfecto con el condicional

El subjuntivo imperfecto (terminación en -ara o -iera) se usa en una cláusula con *si* cuando el verbo en la oración subordinada es condicional (terminación en -ría).
> Si fuéramos ricos, estaríamos en otra parte.
> Llegarían a tiempo si tomaran el avión.

Fórmula: *Si* + subjuntivo imperfecto (que hace una declaración hipotética o incierta en el pasado) + verbo condicional:
> Si tuviera dinero te pagaría.

Escriba en los espacios en blanco de las siguientes oraciones un verbo condicional o subjuntivo imperfecto según el caso.

1. Si (yo/tener) _____ más tiempo te (invitar) _____ a cenar.
2. Él te (comprar) _____ un carro si (ser) _____ un hombre responsable.
3. Si (yo/saber) _____ la marca del perfume que le gusta se lo (comprar)

   _____.
4. Si (tú/venir) _____ a verme me (hacer) _____ muy feliz.
5. Si Luis (vivir) _____ cerca (ir) _____ a su casa ahora mismo.

Holt Spanish 2 ¡Ven conmigo!

Copyright © by Holt, Rinehart and Winston. All rights reserved.

■ VAMOS A ESCRIBIR

7 ¿Cómo escribir una semblanza? Las semblanzas (**profiles**) describen a personas interesantes. Puede ser alguien que se haya sobrepuesto a una limitación, que haya seguido una carrera inusual o, como Jaime Escalante, que haya alcanzado el éxito y se convirtió en personaje famoso. Escriba Ud. una semblanza de 300 palabras acerca de una persona que Ud. conozca, ya sea en la escuela o en su casa.

Antes de escribir

- ¿Por qué es interesante esta persona? Si no puede Ud. responder claramente a esta pregunta, escoja otro sujeto.
- Investigue todo lo que pueda acerca de la persona.
- Busque anécdotas personales que ayuden a su lector a comprender el carácter único de su sujeto.

Escriba su primera versión

- Inicie su semblanza con una anécdota que revele el carácter de su personaje.
- Luego, explique por qué la persona es interesante.
- Después, desarrolle los puntos principales que Ud. quiera resaltar de su personaje.
- Finalice su semblanza con una conclusión.

Evaluación y revisión

- ¿Utiliza Ud. anécdotas personales para describir a su personaje?
- ¿Explica Ud. por qué su personaje es importante?
- ¿Finaliza Ud. con una conclusión que sintetiza el carácter de su personaje?

■ VAMOS A CONOCERNOS

8 A escuchar

Escuche las entrevistas del **Panorama cultural** del capítulo 12: "¿Cómo celebran el fin de cursos?" Ponga atención a las respuestas de los entrevistados. Júntese con otro/a compañero/a y pregúntele qué hacen en su escuela para celebrar el fin del año escolar. Luego, comparen sus respuestas con las de los entrevistados. Intenten explicar las diferencias.

9 A pensar

¿Ha escuchado Ud. las siguientes expresiones? "Te envío un facsímil o fax". "Te escribo en el correo electrónico". Hasta antes de 1980 esas expresiones eran muy poco usuales. Hoy, el uso del fax y el correo electrónico están cambiando la concepción del tiempo en todo el mundo. Por ello, la mayoría de los países de habla hispana están mejorando constantemente sus servicios de teléfono e integrando sus redes digitales con las del mundo.

En una hoja de papel haga una lista de los medios que la gente usa para comunicarse personalmente, como el fax, el teléfono, el correo electrónico, el correo, etc. Luego, anote una ventaja y una desventaja de cada uno. Compare sus respuestas con las de otro(s) compañero(s).

CAPÍTULO 12

Copyright © by Holt, Rinehart and Winston. All rights reserved.

10 Así lo decimos nosotros

El lenguaje del barrio es una de las fuentes más ricas para abordar el origen, la historia y la cultura de la comunidad hispana en los Estados Unidos.

Las siguientes expresiones idiomáticas son algunas de las más comunes en la conversación informal. En la línea subsecuente a cada oración escriba una explicación del dialectismo que aparece subrayado.

1. A mi abuelita la robaron. Pobre, **se quedó en la calle**.

   _____

2. Yo no me preocupo, esa cuate **me hace los mandados**.

   _____

3. Este **chilpayate se amachó** que no quería la sopa.

   _____

4. Mis respetos para Ricardo, ¡**tiene un colmillo!**

   _____

5. Laura siempre **anda hecha la mocha**, se va a enfermar.

   _____

6. Los discos compactos eran prestados, **dámelos para atrás**.

   _____

7. La tarea de matemáticas **está de la patada**, no entiendo nada.

   _____

8. Ya no te puedo dar otro **chance**; la vives **regando**.

   _____

9. Mi hermano **ya me tiene hasta el copete,** ¡que se vaya!

   _____

10. ¡**Ay los vidrios!** ya es hora de la cena.

   _____

■ VAMOS A CONVERSAR

11 Júntese con varios compañeros y formen un panel de debate. Piensen en cómo se puede utilizar el correo electrónico y las redes informáticas en programas de educación a distancia. Por ejemplo, en zonas donde el acceso es difícil ya sea por el clima (hace mucho frío) o están lejos de las escuelas. Hagan una lista de propuestas concretas.

Copyright © by Holt, Rinehart and Winston. All rights reserved.

To the Teacher

The material contained in this component is designed for students with varying degrees of native fluency in Spanish to supplement material found in both the **Pupil's Edition** and the **Practice and Activity Book.** Many students from Spanish/English bilingual households or communities very likely speak both English and Spanish as a native language but have received most if not all of their formal training in reading and writing in English. As a result, they are very often able to speak fluently in Spanish about topics dealing with home or family life but are unfamiliar with more academic topics and vocabulary and unable to read and write Spanish well. This component hopes to tap into and expand that knowledge to develop a more rounded ability in Spanish by stressing reading and writing. The component includes readings about Spanish-speaking life and culture and is directed at teens and young adults. The topics are relevant to students' everyday lives and interests and, accompanied by a variety of activities, should encourage them to further develop their fluency. The following diagnostic test is included to help you, the teacher, determine whether a student possesses native fluency and would benefit from the material contained in the *Cuaderno para hispanohablantes.*

You may administer the test to any student you feel already has some degree of fluency in Spanish. The test consists of three comprehensive drawings and is designed to allow the students to create freely with the language. Although a portion of the test asks students to do some writing, you should focus your evaluation on the student's oral ability.

Each student workbook contains the following scenes and asks the student to describe it and/or talk about what's happening in it to the best of his or her ability. For the first two, you should interview the student using questions similar to those on the next page. Before you begin, please keep in mind the following points:

- Students' strengths will be oral, not written. Any written portion of the test may exhibit some errors in spelling and grammar. These problems in writing and spelling are addressed in the *Cuaderno para hispanohablantes*. Students' abilities should not be underestimated due to errors in written form.

- The speech of many students from bilingual communities in the United States is often characterized by non-standard or variant forms such as **muncho, ansina, truje,** etc. This issue is also addressed in the *Cuaderno para hispanohablantes*; students using these forms should not be disqualified from using this component on that basis.

Copyright © by Holt, Rinehart and Winston. All rights reserved.

Students should be allowed to speak freely about whatever they can; however, each scene is specifically designed to assess the student's ability to:

1. Give names of basic objects, places, people's occupations, etc.
2. Give names of family members
3. Talk about calendar functions (date, days of the week, months, time of year, etc.)
4. Name articles of clothing
5. Talk about the weather
6. Talk about events in the present, past, and future
7. Give descriptions of people, places, and things

Scene 1 should elicit student's ability to do items 1, 3, 4, 5, 6, and 7. Possible questions to ask student:

¿Quiénes son las personas en el dibujo?

¿Dónde (en qué lugar comercial) están?

¿Qué están haciendo las personas en las mesas?

¿Qué hace el camarero?

¿Qué tipo de zapatos usan las personas en esta escena?

¿De qué hablan las amigas en la mesa a la derecha?

Scene 2 should elicit student's ability to do items 3, 5, 6, 7. Possible questions to ask student:

¿Dónde tiene lugar esta escena?

¿Qué tiempo hace? (¿Cómo está el tiempo?)

¿Cómo se siente… (point to a person)?

¿En qué mes (estación) está?

¿Qué va a pasar (pasará) en un momento (point to the telephone)?

¿A quién escribe la chica de la escena?

Scene 3 will ideally reveal student's ability to do all items 1-7 in a narrative format. This section may be done orally or in writing. Although space is provided in the student book, it may be desirable to have the student write his or her test on a separate sheet of paper. Possible questions to ask student:

¿En qué lugar se encuentran estas personas?

¿Qué están haciendo los chicos?

¿Cómo están vestidas las personas que aparecen en esta escena?

¿Cuál es la razón por la que los adultos se muestran molestos con los chicos?

¿Por qué la chica en la mesa con los adultos sonríe a los chicos vecinos?

¿Tiene esto algo que ver con el tocadiscos compacto sobre la mesa de los chicos?

After allowing the student to describe each scene, use the following criteria to determine whether or not the student should use the *Cuaderno para hispanohablantes.*

Definite candidates

The student can accurately

- Give the names of most or all of the objects and places depicted
- Name a wide variety of family members
- Describe people, places, and things in detail
- Talk about events in the present, past and future

Possible candidates

The student can

- Give names of some objects and some places
- Name members of immediate family
- Give general descriptions of people, places, and things
- Talk about events using various tenses at random

You will also find many suggestions for activities appropriate for native speakers in ¡Ven conmigo! Annotated Teacher's Edition.

Unlikely candidates

Students who know many words at random but have difficulty forming complete, coherent sentences or thoughts with any degree of grammatical accuracy will probably not benefit from the *Cuaderno para hispanohablantes.*

Copyright © by Holt, Rinehart and Winston. All rights reserved.

■ VAMOS A LEER

3 A los detalles

1. F
2. V
3. F
4. V
5. F
6. V

4 Vamos a comprenderlo bien

1. *Answers will vary.*
2. Le hizo ver su debilidad de carácter frente a las críticas de los demás.
3. *Answers will vary.*
4. Que no se debe uno dejar influir por las opiniones de los demás sino actuar de acuerdo con la justicia y el interés propio.

5 Barrio ortográfico: las sílabas

1. va mos
2. cla se
3. vi sión
4. puer ta
5. me sa
6. ta na
7. viz na
8. tu ral
9. pie zas
10. li na
11. gu
12. lé
13. sá
14. llo
15. mé

6 Esquina gramatical: usos de *haber y tener*

1. Hay
2. tiene
3. Tengo/He
4. Ha/Han
5. tiene

■ VAMOS A ESCRIBIR

7   *Answers will vary.*

Copyright © by Holt, Rinehart and Winston. All rights reserved.

■ VAMOS A CONOCERNOS

8 A escuchar

Answers will vary.

9 A pensar

Answers will vary.

10 Así los decimos nosotros

1. así
2. según
3. criatura
4. decir
5. después
6. prestar
7. mismo
8. nadie
9. somos
10. traeré

■ VAMOS A CONVERSAR

11   *Answers will vary.*

Copyright © by Holt, Rinehart and Winston. All rights reserved.

VAMOS A LEER

3 A los detalles

1. Los muertos pueden aparecer de pronto o también pueden ser llamados.
2. Su padre.
3. Para que lo deje descansar.
4. Come si te parece y si no te gusta lárgate que ni falta haces.

4 Vamos a comprenderlo bien

1. El día primero y el dos de noviembre son las fechas tradicionales en que se celebra a los muertos.
2. Una relación muy cercana y natural. Ella los trata con cariño y simpatía.
3. Establece una analogía en torno a la seguridad que sentía la niña en brazos de su padre y su actual necesidad de sentirlo cerca ahora que se ha vuelto una señora medio insomne.
4. No, le parece que se necesitan muchos bríos para ese tipo de litigios. Señala que los muertos están ahí para ser nuestros cómplices o para morirse de verdad.

5 Barrio ortográfico: las palabras según su acentuación

Possible answers:

agudas	llanas	esdrújulas
estén	Aparecen	conociéndolos
Juan	míos	explicármelo
además	intervienen	drásticos
volver	sólo	enigmáticos
ningún	cuánto	índole

6 Esquina gramatical: ser y estar

1. es
2. está
3. son
4. estoy
5. fue

VAMOS A ESCRIBIR

7 *Answers will vary.*

Copyright © by Holt, Rinehart and Winston. All rights reserved.

■ VAMOS A CONOCERNOS

8 A escuchar

Answers will vary.

9 A pensar

Answers will vary.

10 Así lo decimos nosotros

1. a'arró
2. e'a
3. 'naguas
4. a'uelo
5. co'migo
6. obed'encia
7. grad'arse
8. to'avía
9. 'horita
10. o'tavo

■ VAMOS A CONVERSAR

11 *Answers will vary.*

Copyright © by Holt, Rinehart and Winston. All rights reserved.

■ VAMOS A LEER

3 A los detalles

1. En medio de unos bosques majestuosos.
2. En su pueblo.
3. Padre, madre y hermanos.
4. La Ciudad de México.
5. Las posadas y la cena de Navidad.

4 Vamos a comprenderlo bien

1. *Answers will vary.*
2. *Answers will vary.*
3. *Answers will vary.*
4. *Answers will vary.*

5 Barrio ortográfico: el diptongo

1. di-ciem-bre
2. he-mis-fe-rio
3. pue-blos
4. cris-tia-nos
5. quien
6. in-fan-cia
7. na-ci-mien-to
8. sien-to
9. tier-nos
10. re-cuer-dos

6 Esquina gramatical: el hiato

1. po-é-ti-ca
2. re-a-li-dad
3. Las vocales **i** y **u** llevan un acento ortográfico cuando van agrupadas con las vocales **a**, **e** y **u** para mantener el hiato e impedir que se forme un **diptongo**.
4. diptongo
5. hiato
6. diptongo
7. hiato
8. diptongo
9. diptongo
10. diptongo
11. hiato
12. diptongo
13. diptongo

Copyright © by Holt, Rinehart and Winston. All rights reserved.

■ VAMOS A ESCRIBIR

7   *Answers will vary.*

■ VAMOS A CONOCERNOS

8 A escuchar

Answers will vary.

9 A pensar

Answers will vary.

10 Así lo decimos nosotros

1. firmar
2. boletos
3. pagos
4. montón
5. mitin
6. reprobar
7. jardín
8. confío
9. copiando
10. cuadras

■ VAMOS A CONVERSAR

11   *Answers will vary.*

Holt Spanish 2 ¡Ven conmigo!

Copyright © by Holt, Rinehart and Winston. All rights reserved.

■ VAMOS A LEER

3 A los detalles

1. Dice que le dan miedo y la ponen mal.
2. Le promete que él la va a cuidar y a proteger y que sólo se van a subir a los juegos que ella quiera.
3. Le pide que la acompañe a la cocina para comer algo, un jugo de naranja y pancakes.
4. De inmediato empieza a dar signos de malestar, al subir las canastillas a la parte superior empieza a sudar y a ponerse pálido.
5. El paseo termina en la enfermería del parque de diversiones donde el doctor obliga a Catalino a permanecer en reposo hasta mejorarse. Celeste comprende la situación y lo invita a salir el siguiente fin de semana.

4 Vamos a comprenderlo bien

1. *Answers will vary.*
2. *Answers will vary.*

5 Barrio ortográfico: los pronombres demostrativos

1. éste
2. Esta
3. ésta
4. ese
5. aquélla
6. ése, aquél

6 Esquina gramatical: la raíz

1. libr
2. cobr
3. form
4. mal
5. sant
6. crom
7. hipno
8. mat
9. patr
10. sali

Copyright © by Holt, Rinehart and Winston. All rights reserved.

■ VAMOS A ESCRIBIR

7   *Answers will vary.*

■ VAMOS A CONOCERNOS

8 A escuchar

Answers will vary.

9 A pensar

Answers will vary.

10 Así lo decimos nosotros

1. Mío
2. Traían
3. Adrede
4. Distinto
5. Aire
6. Toques
7. Vénganse
8. Figurarse
9. Dentista
10. Trotar

■ VAMOS A CONVERSAR

11   *Answers will vary.*

Copyright © by Holt, Rinehart and Winston. All rights reserved.

■ VAMOS A LEER

3 A los detalles

1. F
2. V
3. F
4. V
5. F

4 Vamos a comprenderlo bien

1. *Answers will vary.*
2. *Answers will vary.*
3. *Answers will vary.*
4. *Answers will vary.*
5. Porque conquistar el mercado anglo significa triunfar a nivel mundial.

5 Barrio ortográfico: verbos transitivos e intransitivos

1. T
2. I
3. I
4. T
5. I
6. I
7. T
8. T
9. T
10. I

6 Esquina gramatical: los afijos

1. des
2. im
3. i
4. sub
5. extra
6. izo
7. achuelo
8. ado
9. aje
10. anza

Copyright © by Holt, Rinehart and Winston. All rights reserved.

■ VAMOS A ESCRIBIR

7   *Answers will vary.*

■ VAMOS A CONOCERNOS

8 A escuchar

Answers will vary.

9 A pensar

Answers will vary.

10 Así lo decimos nosotros

1. pobre
2. policía
3. vereda
4. Gabriel
5. catálogos
6. derretida
7. estómago
8. polvaredas
9. magullados
10. de repente

■ VAMOS A CONVERSAR

11   *Answers will vary.*

Copyright © by Holt, Rinehart and Winston. All rights reserved.

■ VAMOS A LEER

3 A los detalles

1. 4
2. 10
3. 7
4. 3
5. 6
6. 5
7. 1
8. 8
9. 2
10. 9

4 Vamos a comprenderlo bien

1. *Answers will vary.*
2. La falta de libertades, el clima de opresión.

5 Barrio ortográfico: verbos reflexivos y recíprocos

1. recíproco
2. reflexivo
3. recíproco
4. recíproco
5. reflexivo

6 Esquina gramatical: palabras sinónimas

1. e
2. c
3. d
4. b
5. a

Copyright © by Holt, Rinehart and Winston. All rights reserved.

■ VAMOS A ESCRIBIR

7   *Answers will vary.*

■ VAMOS A CONOCERNOS

8 A escuchar

Answers will vary.

9 A pensar

Answers will vary.

10 Así lo decimos nosotros

1. biblioteca
2. desfile
3. darse cuenta
4. avergonzado
5. alfombra

■ VAMOS A CONVERSAR

11   *Answers will vary.*

Copyright © by Holt, Rinehart and Winston. All rights reserved.

■ VAMOS A LEER

3 A los detalles

1. F
2. V
3. V
4. F
5. V

4 Vamos a comprenderlo bien

1. Hostos siente que tiene un compromiso con Molina y Villarroel de iniciarlos en el amor a las mejores ideas de la humanidad.
2. *Answers will vary.*
3. *Answers will vary.*

5 Barrio ortográfico: las letras mayúsculas

el, elisa, cuando, pero, la, esa, ¿por, si

6 Esquina gramatical: antónimos

1. g
2. e
3. j
4. a
5. c
6. d
7. b
8. f
9. h
10. i

■ VAMOS A ESCRIBIR

7 *Answers will vary.*

Copyright © by Holt, Rinehart and Winston. All rights reserved.

▪ VAMOS A CONOCERNOS

8 A escuchar

Answers will vary.

9 A pensar

Answers will vary.

10 Así lo decimos nosotros

1. pescado
2. deben
3. tarde
4. perro
5. muerte

▪ VAMOS A CONVERSAR

11

Answers will vary.

Holt Spanish 2 ¡Ven conmigo!

Copyright © by Holt, Rinehart and Winston. All rights reserved.

VAMOS A LEER

3 A los detalles

1. el perfume de María
2. escribirte esta carta
3. qué hace todos los días
4. un amigo
5. María estaba muy enferma
6. regresar a América

4 Vamos a comprenderlo bien

1. *Possible answers:* La novela es una historia de amor en que las emociones de los personajes principales forman la esencia de la historia.
2. El paisaje refleja las emociones del narrador y expresa su alma americana, por lo tanto es un elemento esencial del romanticismo.
3. *Answers will vary.*

5 Barrio ortográfico: la coma

1. Ángel era abogado, maestro, escritor y conferencista.
2. A México, país de contrastes, no sabemos qué futuro le aguarda.
3. Yo pienso, como ya te lo había dicho, que ese muchacho no merece nuestra confianza.
4. Querida, atiende la llamada, por favor.
5. No creo que sea conveniente, cuando menos en estas circunstancias, planear un viaje.
6. Laura trajo el pan, los aguacates, el tomate, el chile, la cebolla, y se olvidó de la sal.
7. Luis Miguel, popular cantante, ha tenido gran éxito interpretando boleros.

6 Esquina gramatical: palabras homófonas y homónimas

Possible answers:
1. Abrí uno de los balcones de mi **cuarto**.
2. ...y **solo** con mi dolor... lloré largo tiempo...
3. ...tu traje de **caza** donde lo colgaste al volver de la montaña...
4. las ramas florecidas de los rosales... tiemblan al **abrazarlas** yo...
5. Nuestra **mata** de azucenas ha dado la primera [flor]...
6. ...así creo que la [mata] de rosas dará las **más** lindas del jardín.
7. —¿Quién, pues? —grité **asiendo** el paquete que sus manos retenían.

Copyright © by Holt, Rinehart and Winston. All rights reserved.

■ VAMOS A ESCRIBIR

7 *Answers will vary.*

■ VAMOS A CONOCERNOS

8 A escuchar

Answers will vary.

9 A pensar

Answers will vary.

10 Así lo decimos nosotros

1. sorprendido(a)
2. dándose de baja, dejando la escuela
3. una demanda
4. el ambiente agradable, amistoso
5. Bueno, apresúrense, vénganse
6. de enganche, de pronto page, adelanto
7. guapo, atractivo
8. trabaja por cuenta propia
9. La boda
10. lavado de cerebro

■ VAMOS A CONVERSAR

11 *Answers will vary.*

Copyright © by Holt, Rinehart and Winston. All rights reserved.

■ VAMOS A LEER

3 A los detalles

1. El primer verso rima con el segundo y el tercero con el cuarto (a-a-b-b).
2. El haber visto al hombre que ama.
3. Menciona a una abeja que se le metió en el corazón y le produce una rara sensación.
4. Que está loca y que se la lleven a su casa.
5. Que es una ocurrencia, que es mentira, no tiene dudas ni celos, si llora es porque se ha reído mucho.

4 Vamos a comprenderlo bien

1. *Answers will vary.*
2. Es irónico, dice que llora de tanto reírse pero se percibe la posibilidad de que está realmente llorando por algún desengaño. *Answers may vary.*
3. *Answers will vary.*

5 Barrio ortográfico: el punto

1. El paseo al parque de atracciones, con sus juegos mecánicos, fue una experiencia divertida para los niños. Yo, más que nada precavida, no me subí a ninguno de ellos. Nunca me ha gustado esta clase de diversión que ataca brutalmente a los sentidos. A José, con su espíritu infantil, lo tuvieron dos días con dolor de estómago.

   Para mi buena fortuna, nuestro viaje no se limitó a las visitas a los parques de atracciones. También fuimos a muchos museos, restaurantes y jardines zoológicos.

6 Esquina gramatical: concordancia del pretérito y el imperfecto

1. vi
2. quería
3. conocí
4. enamoró
5. Hacía, fue
6. Aprendió, practicaba
7. dijo, tenía

■ VAMOS A ESCRIBIR

7   *Answers will vary.*

Copyright © by Holt, Rinehart and Winston. All rights reserved.

■ VAMOS A CONOCERNOS

8 A escuchar

Answers will vary.

9 A pensar

Answers will vary.

10 Así lo decimos nosotros

1. e
2. g
3. b
4. c
5. a
6. f

■ VAMOS A CONVERSAR

11 *Answers will vary.*

Copyright © by Holt, Rinehart and Winston. All rights reserved.

■ VAMOS A LEER

3 A los detalles

1. El personaje central es Marcos; tiene 12 años y desde niño ha trabajado en los campos, recogiendo las cosechas.
2. Se desarrolla a principios de los cincuenta, en 1952; en la región del Midwest y en Crystal City, Texas. La idea central gira en torno a la fuerza de voluntad de un muchacho que está determinado a sacar adelante su proyecto de vida en contra de todos los obstáculos.
3. Marcos ve que el amor de su familia y la unidad de su comunidad chicana le infunden una gran fuerza interior. Esa integridad moral lo impulsa a salir adelante.
4. Es una de las obras literarias que más fielmente relata la experiencia chicana en los Estados Unidos.

4 Vamos a comprenderlo bien

1. En gran medida sí, porque la historia de Marcos es muy similar a la vida de Rivera. El autor relata en su obra el sufrimiento, los abusos, la explotación y las luchas de su comunidad durante los cincuenta.
2. Los dos están decididos a luchar contra la adversidad para salir adelante.
3. *Possible answer:* Porque su vida es admirable; aunque procede de una humilde familia de pizcadores, llega a ocupar una posición muy alta en el campo de la educación superior de los Estados Unidos. Además dejó constancia de su experiencia humana en sus obras.
4. *Possible answer:* Será un importante recurso educativo porque servirá para que otros jóvenes, tal vez en sus mismas condiciones, conozcan su experiencia y se enteren que es posible salir adelante cuando se tienen convicción y ganas de luchar para lograrlo.

5 Barrio ortográfico: el uso de los dos puntos

1. Cuando llegué a la fiesta ya estaban ahí todos: Alicia, Mario, René, Anita, Luis y la pesada de Julia.
2. Querido hermano: contestando a tu tarjeta te envío ésta.
3. El presidente Lincoln declaró: "el gobierno del pueblo, por el pueblo y para el pueblo, no desaparecerá de la tierra".
4. Sólo hay tres sospechosos: el mayordomo, la secretaria y el esposo.
5. Estimados señores: Les escribimos para solicitarles su ayuda con nuestro programa.

6 Esquina gramatical: el modo subjuntivo

1. se queden
2. traigan
3. deje
4. funcione
5. te sientas
6. haga
7. escribas
8. lleguemos

Copyright © by Holt, Rinehart and Winston. All rights reserved.

■ VAMOS A ESCRIBIR

7   *Answers will vary.*

■ VAMOS A CONOCERNOS

8 A escuchar

Answers will vary.

9 A pensar

Answers will vary.

10 Así lo decimos nosotros

1. Hola muchachos, ¿para dónde van?
2. Apúrate, ponte listo, ya vete de aquí.
3. No te deprimas, a ese muchacho lo voy a meter a la cárcel.
4. Quedé parejo con el viejo.
5. Esa muchacha me atrae mucho, la voy a invitar al cine.
6. ¡No me digas! ¿Tengo que caminar hasta la casa?
7. Anímate hermano, vamos a ponernos un traje para ir a la fiesta.
8. Ya tuve suficiente con esto, ya me voy, mañana trabajo.
9. Con que ya lo sabes, ese sinvergüenza ya me colmó la paciencia.

■ VAMOS A CONVERSAR

11   *Answers will vary.*

Copyright © by Holt, Rinehart and Winston. All rights reserved.

■ VAMOS A LEER

3 A los detalles

1. Había un ambiente de pandillas, graffitti, y maestros agotados. La escuela estaba a punto de perder su certificación como institución educacional.
2. Escalante tardó once años en conseguir su acreditación oficial como maestro en los Estados Unidos. Mientras tanto trabajó como conserje, ayudante de mesero y técnico en electrónica.
3. Que "el 73 por ciento de los estudiantes que tomaron el examen de cálculo avanzado eran de apellidos hispanos".
4. Porque algunos de los estudiantes dieron las mismas respuestas. Estos estudiantes volvieron a tomar el examen y volvieron a aprobarlo.

4 Vamos a comprenderlo bien

1. *Answers will vary.*
2. *Answers will vary.*
3. *Answers will vary.*

5 Barrio ortográfico: el "uso del *tú* y el *vos*"

1. Pero si tú vives diciendo que vas a cambiar.
2. Tú te gastas el salario en boberías.
3. ¡Ah, tú también te acuerdas del pasado!
4. Tú tienes tiempo de sobra para trabajar.
5. Tú sí que eres distraído, olvidaste pagar la renta.

6 Esquina gramatical: el subjuntivo imperfecto con el condicional

1. tuviera, invitaría
2. compraría, fueras
3. supiera, compraría
4. vinieras, harías
5. viviera, iría

■ VAMOS A ESCRIBIR

7　*Answers will vary.*

Copyright © by Holt, Rinehart and Winston. All rights reserved.

■ VAMOS A CONOCERNOS

8 A escuchar

Answers will vary.

9 A pensar

Answers will vary.

10 Así lo decimos nosotros

1. lo perdió todo
2. está bajo mi control
3. niño se puso terco
4. tiene mucha experiencia
5. siempre anda ocupada
6. devuélvemelos
7. está muy difícil
8. (otra) oportunidad, (vives) cometiendo errores
9. es insoportable
10. Ahí nos vemos

■ VAMOS A CONVERSAR

11 *Answers will vary.*

Copyright © by Holt, Rinehart and Winston. All rights reserved.